지금은 중국을
읽을 시간2

일러두기
- 이 책은 국립국어원 표준국어대사전을 기준으로 표기하는 것을 원칙으로 합니다.
- 이 책에서는 고유명사의 경우 중국 표준어 발음에 따라 표기하는 것을 원칙으로 합니다. 하지만 공자, 월병처럼 우리나라 말로 완전히 굳어져 중국 표준어 발음대로 표기하면 의미 전달이 어려울 경우에 한하여, 우리나라 한자음으로 표기하고 한자를 병기합니다.
- 이 책에서는 1위안(元)을 170원으로 환율 계산합니다.(2021년 1월 기준)

중국어 교사들이 알려주는 진짜 중국, 중국인

지금은 중국을 읽을 시간 2

중국을 읽어주는 중국어교사모임 지음

도서출판 민규

'코끼리의 참 모습'을 생각하다

추천사

말로든 글로든 중국을 이야깃거리로 삼기는 쉽다. 하지만 그렇게 하려면 우선 중국을 제대로 이해하고 있느냐가 중요하다. 한 치 꾸밈없이 자신이 본 대로 느낀 대로 말하거나 썼다고 해서 반드시 다 정확하다고 하기는 어렵다. 자칫 단순한 넋두리나 입방아로 그칠 수가 있기 때문이다.

중국인, 중국 사회에 대해서 우리는 저마다 나름대로 듣고 본 지식이 있어서 남에게 별로 뒤지지 않을 정도라고 생각한다. 웬만한 주제라면 한두 마디쯤은 쉽게 끼어들 수도 있다. TV나 인터넷을 통해서 우리는 거의 매일 중국에서 벌어지는 희한한 사례들, 빼어난 경관, 특이한 음식, 별난 인생들을 두루 접할 수 있다. 지리적으로 가까운 이점도 있어서 중국은 다른 나라에 비해 직접 방문해 볼 기회도 쉽게 얻을 수 있다.

이런저런 상식과 견문을 동원하면 중국인, 중국 사회를 묘사하는 일이 그리 어려울 것 같지도 않다. "내가 TV 혹은 인터넷에서 봤는데 말이야."라거나, "내가 중국에 가서 겪었는데 말이야."라는 말을 전제로 하면 상대방이 금방 수긍할 것도 같다. 하긴 자신의 실제 경험과 지식을 토대로 해서 쏟아낸 말이니 무슨 오류가 있겠으며 어떻게 반박할 여지가 있겠는가.

그래서 나온 말이 있다. "3일 중국을 여행하면 글을 한 편 쓰고, 석 달 살다 오면 책을 한 권 쓰고, 3년 살고 나면 전문가를 자처할 수 있다!" 그렇다면, 10년 혹은 그 이상을 살다 온 사람이면 중국을 꿰뚫는 도사가 될까? 의외의 답이 돌아온다. "중국, 처음엔 웬만큼 알았다고 생각했는데, 이젠 자신 있게 말하기가 정말 어렵네요."

땅 넓고 사람 넘치는 곳이다 보니 그야말로 코끼리 더듬어 본 장님처럼 제각각 보는 관점이 달라지기 마련이다. 기둥 같다, 나무판자 같다, 부채 같다, 단단한 파이프 같다, …… 등등, 어느 하나 틀렸다고 할 수는 없지만 그렇다고 선뜻 이러이러하다고 단언하기는 정말 어렵다. 기둥 같은 다리, 나무판자 같은 옆구리, 부채 같은 귀, 파이프 같은 상아 등등을 오랜 기간 현지에 살면서 두루 경험했으니, 어찌 제대로 된 중국 이야기를 섣불리 끄집어 낼 용기가 생기겠는가. 그래서 도사는 중국 이야기에 오히려 더 조심스러울 수밖에 없다.

〈지금은 중국을 읽을 시간〉은 일선 고등학교에서 오랫동안 중국어를 지도해 온 여러 선생님들이 수없이 중국을 오가면서 다양한 중국 매체, 중국 사회, 중국인들을 접촉한 경험의 축적물이다. 원고를 읽으면서 추천자는 여러 선생님들이 제각기 다른 각도에서 코끼리의 다리며, 배며, 귀며, 상아 달린 코를 관찰하고 더듬어 온전한 코끼리 한 마리를 보여주는 재미를 쏠쏠하게 맛보았다.

아마 이 책을 읽는 독자는 주로 중국어를 배우거나 중국에 관심이 많은 고교생이리라. 그래서인지 옛 얘기를 들려주듯 중국을 소개하는 말본새가 조근조근 더없이 포근하고 세세하다. 객관적인 사실 관계에 지나치게 집착하다 보면 자칫 소홀해지기 마련인 게 책 읽는 재미. 그 재미를 선생님들은 딱딱한 이론을 설파하는 대신 독자의 눈높이를 맞추느라 고심하고 또 고심했음이 분명하다.

이 책은 중국의 역사·사회·문화·일상생활·의식구조·음식 등 항목별로 다양한 소주제를 망라했으니, '코끼리의 참 모습'을 기대하는 독자에게 중국을 제대로 읽을 수 있는 나침반이 될 것이다. 거기에다 다문다문 살아 있는 중국어를 학습할 수 있는 기회까지 만들어 놓았으니, 이는 분명 영양가 있는 덤일 수도 있겠다. 각 주제에 맞추어 한국과 중국의 사례를 적절히 비교하여 이해도와 설득력을 높인 점도 이 책의 큰 매력이다. 그런가 하면 행여 사실 관계를 놓칠세라 더러 통계수치나 근거를 제시하였는데, 이는 독자의 중국에 대한 심화 학습 욕구를 배려한 때문이리라.

우리 서울공자아카데미에서는 대학생·일반인을 대상으로 매월 정례적으로 중국 인문학 강좌를 개설해 오고 있는데, 이번에 '지중시'를 읽으면서 추천자는 고교생의 눈높이에 맞는 중국 강좌를 보다 흥미로운 방식으로, 다양하게 그리고 쉽고 친근하게 꾸려 볼 수도 있겠다는 생각을 문득 떠올리게 되었다.

'지중시'는 중국을 제대로 이해하려는 독자에게 분명 든든한 버팀목이 되어 줄 것이다. 이 버팀목을 딛고 중국 전문가의 꿈을 한껏 키워 보자. 무한한 잠재력을 가진 중국, 그 최일선에서 종횡무진하는 자신의 미래를 상상하면서 독자들이 이 책을 통해 한 걸음 더 중국을 심화 학습할 수 있는 계기를 마련하길 기대한다.

서울공자아카데미 원장, 성균관대학교 교수
이준식

추천사 중국을 알아가는 경쾌한 통찰

묘목을 키우는 일은 미래를 만들어가는 일입니다. 한 그루의 미래만 만드는 것이 아닙니다. 그것은 숲의 미래를 만드는 일이기도 합니다. 묘목 하나하나가 값진 까닭입니다.

중등 교육은 묘목을 어른 나무로 키우는 과정입니다. 어른다운 나무가 되려면 이들에게 어떠한 자양분이 필요할까요? '기초 지력智力'을 잘 갖추는 데 필요한 양분은 아닐까요?

이를 사회에 적용하면, 사회를 구성하는 '상수常數'에 대한 앎 정도가 될 것입니다. 무릇 한 사회의 상수라 함은 그 사회의 구성원 대다수의 삶에 실질적으로 영향을 미치는 인자를 말합니다. 가령 우리 사회에선 미국이 이에 해당됩니다.

그런데 한 세대쯤 전부터는 중국이 우리 사회의 새로운 상수로 부각되었습니다. 21세기 전환기를 거치면서는 미국에 버금가는 상수로 자리 잡았습니다. 조금만 시간이 더 흐르면 우리 사회에서 미국보다 더 중요한 상수로 작동될 것입니다. 우리 묘목들에게 중국을 온전히 알게 해 주는 일이 무엇보다 중요한 이유입니다. 특히 기성세대가 중국에 대한 뿌리 깊은 편견과 부적합한 인식에 물들어 왔음을 감안하면, 중국을 온전히 알 수 있도록 묘목들을 인도하는 일은 늦춰서는 안 될 과업입니다.

'중국을읽어주는교사모임'이 펴낸 〈지금은 중국을 읽을 시간〉이 반갑고도 소중한 까닭이 여기에 있습니다. 아무리 기본 가운데 기본을 알려 준다고 해도 즐겁지 않거나 알차지 않으면 이내 싫증을 내기 마련입니다. 더없이 요긴한 밑천이라고 해도 어렵거나 엄숙하면 쉬이 지치게 됩니다. 대학 입시를 위해 참으로 많은 것을 해야 하는 중등 교육의 현실도 직시해야 합니다. 어느 하나 녹록하지 않은 난제를 이 책은 유쾌하게 가로지르며, 중국에 대한 지식을 경쾌하게 전해 줍니다.

모쪼록 이 책과의 대화를 통해 우리의 묘목들이 자기 삶의 당당한 주인으로 우뚝 서기를 소망해 봅니다.

서울대학교 중어중문학과 교수
김월회

작가의 말
중국을 읽을 시간입니다

저는 고등학교에서 30년 동안 중국어를 가르쳐 온 교사입니다. 중국어 교사를 막 시작했을 때, 처음 만나는 사람들에게 저를 소개하면 "학교에서 중국어도 가르쳐요?" 하면서 신기해하였습니다. 하지만 지금은 거짓말처럼, 마술처럼 상황이 변하여 "선견지명이 있었네요." 또는 "중국어가 요즘 대세라지요?"라고 하면서 부러워합니다. 이쯤 되니 중국의 눈부신 성장에 저 자신이 무슨 기여라도 한 것처럼 어깨에 힘이 들어갑니다. 한마디로 중국이 뜨니 중국어 교사도 덩달아 뜬 셈이지요.

세상 사람들은 모두 말합니다. 중국이 앞으로 세계의 중심으로 우뚝 설 것이라고. 그런데 실상 우리는 중국을 얼마나 알고 있나요? 세계인이 경계하는 중국을 우리는 아무런 근거도 없이 무시하는 건 아닌지, 중국의 발전이 못마땅해서든 두려워서든 그들의 발전을 일부러 외면하는 건 아닌지 묻고 싶습니다.

어느 해 2월 새로운 학기를 준비할 때 저는 전국의 많은 선생님들에게 개인적인 부탁을 하였습니다. 새학기 중국어 첫

시간에 학생들에게 중국에 대해 무엇을 알고 싶은지 쓰게 한 후 제게 보내달라고요. 학생들이 알고 싶어 하는 내용을 분석하여 중국에 대한 궁금증을 시원하게 해결해 주는 책을 만들겠다는 야무진 계획을 세웠습니다.

책상 위에 가득 쌓인 우편물을 보며 마음이 뿌듯했습니다. 두근거리는 마음으로 봉투를 열고 읽기 시작했습니다. 서울·인천·경기도·경상도·전라도 등의 중·고등학교 학생들의 조사지를 펼칠 때마다 저는 정말 깜짝 놀라서 입을 다물지 못했습니다. 우리나라 학생들이 중국에 대해 알고 싶은 것은 바로 이런 내용이었습니다.

1위 중국 사람들은 왜 인육을 먹나요?
2위 중국 사람들은 장기매매를 한다는데 사실인가요?
3위 중국 음식은 쓰레기라는데 정말이에요?
4위 중국 물건은 왜 그렇게 질이 안 좋나요?
5위 중국 사람들은 더럽다는데 진짜인가요?

한 마디로 '힝!'이었습니다. 학생들의 궁금증을 해결하는 책을 엮어 보겠다는 꿈은 그야말로 꿈이 되어 버렸습니다. 학생들이 중국을 이렇게까지 오해하고 있는 줄은 상상도 못했습니다. 저는 주변의 중국어 선생님들에게 이런 상황을 설명했습니다. 또한 뜻이 맞는 선생님 몇 명이 모여 중국에 대한 인식을 바꿀 수 있도록 올바른 정보를 전달하는 책을 만들기로 의기투합했습니다. 우선 주제 선정 작업이 문제였습니다. 갑론을박 끝에 학생들이 알고 싶은 것과 선생님들이 알려주고 싶은 것을 잘 버무리기로 했습니다. 각자의 학교 학생들에게 취지를 잘 설명한 후 질문지를 다시 작성하도록 하고, 선생님은 선생님대로 가르치고 싶은 것을 우선순위로 정리했습니다. 이런 과정을 거쳐 지금과 같은 내용의 책을 엮게 되었습니다.

깊지는 않지만 넓게, 무겁지는 않지만 가볍지도 않게, 학생과 일반인들의 눈높이에 맞게! 이런 원칙을 세운 후 자료를 수집하고, 회의를 거듭했습니다. 이를 바탕으로 〈지금은 중국을 읽을 시간〉 1권이 탄생했습니다. 지면의 한계가 있어 중국의 방대한 정보를 모두 다룰 수는 없었지만 엄청난 속도로 발전하는 중국, 우리가 생각하지 못했던 중국, 우리가 보지 못했던 중국을 핵심만 콕 집어 소개할 수는 있었습니다.

다행히도 〈지금은 중국을 읽을 시간〉 1권이 전국의 많은 학교에서 중국을 이해하는 문화수업의 자료로 활용되었고, 많은 독자들이 중국을 이해하는 데 도움이 되었다며 칭찬해

주셨습니다. 또한 1권에서 다루지 못한, 중국의 다양한 이야기들을 2권으로 엮어 달라는 요청을 받기도 했습니다. 이러한 지지와 격려에 힘입어 중국을 이해하는 데 필요한, 새로운 이야기를 〈지금은 중국을 읽을 시간〉 2권에 담았습니다.

중국은 지금까지도, 그리고 앞으로도 영원한 우리의 이웃입니다. 갈등을 극복하고 협력하면서 서로 발전해 나가야 할 가장 중요한 나라입니다. 이렇게 중요한 우리 이웃인만큼 그들에 대한 편견과 무지에서 벗어나 이해할 수 있도록 노력해야 합니다. 학생 여러분과 이 책을 읽는 분들에게 부탁드립니다. 중국에 대한 편견, 부정적인 고정 관념을 과감하게 깨뜨리고 중국을 다시 보시기 바랍니다.

끝으로 예쁘게 책을 꾸며 주신 파피루스, 많은 관심과 지지를 보내주신 전국의 중국어 선생님들께 머리 숙여 감사드립니다. 특히 바쁘신 중에도 꼼꼼하게 원고를 검토해 주시고 추천의 글까지 써주신 성균관대학교 이준식 교수님과 서울대학교 김월회 교수님께 깊은 감사의 말씀을 드립니다.

중국을읽어주는중국어교사모임 대표

심형철

차례

추천사 • 4
작가의 말 • 10

01 중국 탁구, 여전히 만리장성? • 18
02 기네스북 등재 중국 기록 지구 한 바퀴 • 24
03 중국에서 즐기는 디즈니랜드 • 29
04 억대 방송인, 방송인 억대 • 40
05 밀레니얼 세대, 링링허우가 움직이기 시작했다 • 50
06 더치페이로 깔끔한 데이트 • 57
07 먹고 먹히고. 자원 전쟁, 기술 전쟁 • 62
08 월스트리트의 지진 진앙지는 어디? • 67
09 마음대로 땅을 살 수도, 이사를 할 수도 없다고? • 73
10 만만디, 만만하게 봐선 곤란해 • 79

11 김치도 한복도 중국 거라고? • 84

12 샤브샤브의 국적은? • 93

13 훠궈, 참 끌리네! • 99

14 친절의 자막? 필요의 자막? • 106

15 표정 연기 + 목소리 연기 = 완벽 배우 • 111

16 짱깨, 되놈, 짱꼴라의 유래와 매너 있는 사람 • 116

17 스마트폰 하나만 가지고 다니면 되는 나라는? • 121

18 중국인들이 한국 드라마에 빠지는 이유 • 125

19 한국 교복 부러워할 만하네 • 129

20 이국인 듯 중국, 홍콩 · 마카오 • 132

21 성평등은 주방에서부터 • 137

22 낮잠 시간, 체조 시간이 따로 매일 • 140

23 어디까지 가봤니? 대륙 횡단 스케일! • 144

24 아, 세계문화유산 • 150

25 중국 구경 좀 해볼까? • 157

26 마오쩌둥의 아들이 한반도에서 죽었다고? • 162

27 미국은 중국을 견제할 수 있을까? • 170

28 글자야, 그림이야? • 178

29 중국이 마약에 깐깐한 이유 • 187

30 양꼬치엔 칭따오 • 192

31 세계를 흔드는 중국 브랜드 • 199

32 겨울에는 하얼빈보다 상하이가 더 춥다? • 209

33 춘제, 축제야 전쟁이야? • 216

34 중국 은행은 일요일도 영업한다? • 223

35 컴퓨터나 스마트폰에서 중국어 입력하기 • 229

36 다수의 소수 민족 • 237

37 조선족, 한국과 중국을 잇는 다리 • 245

38 메이드 인 차이나, 관점을 바꿀 때 • 253

39 결혼, 빚잔치 아닌 기쁨 잔치 되길 • 258

40 한복 VS. 치파오 • 265

41 권장하던 춤이 제지하는 춤이 될 줄이야 • 260

42 중국 황실의 반려견은? • 274

43 공안은 기관인가, 직업인가 • 279

44 중국 학생들은 게임을 맘대로 할 수 없다고? • 284

45 중국 음식은 기름덩어리라는 편견 • 292

46 땅은 넓은데 모두 같은 표준시 • 297

47 최고, 최대, 최장, 대륙 스케일 • 301

48 건전한 스포츠 게임, 마작 • 306

49 술 한 말에 시 백 편, 중국의 술 문화 • 313

50 미래투자, 상부상조 중국의 꽌시 문화 • 319

51 중국에선 열 발자국, 100m 갈 때마다 KFC나 맥도날드가 하나씩 • 324

52 중국의 시·소설 • 327

중국을 알자 01

중국 탁구,
여전히 만리장성?

올림픽 효자 종목이라고 하면 제일 먼저 뭐가 떠올라? 사람마다 차이는 있겠지만, 우리나라 사람이라면 하계 올림픽에는 '양궁', 동계 올림픽에는 '쇼트트랙'이라고 말하는 사람이 많을 거야. 양궁의 경우는 1984년 LA 올림픽부터 지금까지 한 번도 금메달을 놓쳐본 적이 없거든. 쇼트트랙 역시 1992년 알베르빌 올림픽부터 지금까지 계속 골드 행진이지. 동계 올림픽에서 딴 금메달 중 대부분을 쇼트트랙이 차지하는데, 2022년 베이징 동계올림픽까지 무려 26개의 금메달을 획득

했어 역대 올림픽 쇼트트랙 금메달 개수가 총 65개인데 그 중 26개면 무려 40%의 금메달을 우리가 가져온 거야! 어마어마하지?. 이에 비해 타 종목은 피겨 여왕 김연아를 비롯해 스피드 스케이팅에서 획득한 금메달과 스켈레톤 윤성빈의 금메달까지 다 합쳐도 쇼트트랙 한 종목에서 획득한 금메달 수에 비하면 약 4분의 1에 불과해.

우리나라 선수들은 왜 양궁과 쇼트트랙을 그렇게 잘할까? 두 종목이 한국인 체형과 체질에 안성맞춤이기 때문일까? 그 동안 계속 좋은 성적을 내니까 우리는 당연하다고만 여겨 왔지만, 양궁과 쇼트트랙에서 메달이 안 나온다고 생각해 봐. 아마 국민 다수가 실망할 걸? 몇몇은 원망도 하고. 선수들이 금메달을 따기까지 얼마나 노력했는지, 어떻게 훈련했는지 관심도 없고 잘 모르면서 말이야. 이제부터라도 관계자들의 노력에 박수를 보내주자.

그렇다면 중국인들에게도 우리의 양궁, 쇼트트랙과 같은 종목이 있을까? 다시 말해 선수들이 올림픽에서 금메달을 못 따면 국민으로부터 원망을 받는 종목 말이야. 아마 쉽게 짐작할 수 있겠지? '만리장성'이라고 불리는 중국 탁구의 높은 벽 얘기를 올림픽 때마다 들어 봤을 테니까. 올림픽 내내 탁구 경기장에선 수시로 중국 국기가 올라가고 중국 국가가 울려 퍼지니까. 1988년 서울 올림픽에서 탁구가 정식 종목으로 채택된 이후 2021년에 열린 2020 도쿄 올림픽까지 33년간 아홉 차례의 올림픽에 걸린 37개의 금메달 중 무려 32개의 금메달을 중국이 가져갔지. 그 외에 금메달을 딴 나라는 한국이 세 개, 스웨덴과 일본이 한 개로 세 나라에 불과해. 정말 놀랍지 않니?

하지만 중국사람들에게 물어보면 중국인이 왜 그렇게 탁구를 잘 치는지 잘 몰라. 우리가 양궁·쇼트트랙을 왜 잘하는지 모르는 것과 마찬가지야. 하지만 무언가 계기가 있지 않겠어? 중국 탁구가 세계 탁구를 압도하는 이유 말이야. 그것을 한번 추측해 보자고.

중국에서 탁구가 본격적으로 주목받기 시작한 것은 '핑퐁 외교'부터야. 핑퐁 외교가 뭐냐고? 핑퐁, 즉 pingpong은 탁구라는 뜻이잖아? 다시 말해 탁구로 외교를 했다는 건데, 그게 언제부터냐 하면, 1971년 일본 나고야에서 개최된 제31회 세계 탁구 선수권 대회부터야. 대회가 끝난 이후에 중국은 대회에 참가한 미국 선수단 15명을 공식적으로 초청했어. 그 이후로 중국과 미국 사이에 관계가 개선되면서 바로 다음 해인 1972년에 미국의 닉슨 대통령이 중국을 방문하고. 그러면서 냉전 시기의 갈등이 차차 해소되는데, 사람들이 이걸 핑퐁 외교라고 불렀어.

그 이후로 중국의 많은 인민 대중이 탁구에 관심을 가지고 탁구를 치게 되었지. 또한 중국 정부에서 집중 육성 계획을 세워 탁구 선수를 대대적으로 길러냈고. 탁구가 공·라켓과 탁구대만 있으면 즐길 수 있는 운동인데, 국가에서 적극적으로 탁구대를 각 지역에 배치해 주었으니 중국인이 탁구에 관

도쿄 올림픽 금메달리스트 마룽(马龙)

심을 갖는 것은 당연했겠지? 덕분에 현재 중국 탁구 협회에 등록된 선수만 2,000만 명이 넘는다고 해. 국내 대회에서 1등하는 것이 국제 대회 1등하는 것보다 더 어렵다는 얘기도 있고. 우리 양궁이나 쇼트트랙이랑 비슷하지?

그러니 중국에서 탁구로 성공하려면 다섯 살쯤부터 전문적으로 배워야 한대. 소질이 있는 아이는 열두 살쯤 각 성우리로 치면 도의 대표가 되고 열다섯 살쯤에 국가대표가 된다고 하니 기가 막히지? 가끔은 중국 국가대표가 정말 되고 싶지만 선발에서 밀린 선수들이 다른 나라에 귀화해서 국제 대회에 참가하는 걸 볼 수 있는데, 그들 실력도 만만치 않아. 2022 항저우 아시안게임에서 금메달을 딴 전지희田志希도 중국에서 우리나라로 귀화한 선수야.

중국은 그렇게 많은 탁구 선수들을 육성하지만 학교별·학급별 또는 지역별로 매우 깐깐한 체계를 갖춰 선발을 한대. 국가대표도 1진과 2진으로 나누고, 성·시·구·대학·체육중고등학교·초등학교 팀으로 나눠 수준에 맞게 관리하고. 전문선수와 예비선수를 분류는 하지만 예비선수 역시 체력뿐 아니라 심리 상태, 성격까지 체계적으로 관리한다니 누가 이

길 수 있겠어. 그래도 누군가 이겨주면 재밌지 않겠어? 메달을 따는 나라 국민은 즐겁겠지만, 지나친 쏠림 현상으로 탁구나 양궁이 몇몇 나라에서만 즐기는 스포츠로 끝나는 건 아쉽잖아.

  메달보다 더 소중한 올림픽 정신 어찌고저찌고 하면 짜증날 테니 탁구에 얽힌 에피소드 하나 알려주고 이 얘기는 끝낼게. 우리나라가 중국과 정식으로 수교하기 전 일인데, 한국 국가대표 안재형과 중국 국가대표 자오즈민焦志敏이 탁구로 먼저 교류의 끈을 이었어. 그들은 서울 올림픽에 출전해 둘 다 메달을 획득한 실력 있는 탁구 선수였는데, 법적 장애물을 극복할 만큼 서로 열렬히 사랑해 1989년에 결혼을 했지. 이념과 국경을 뛰어넘은 이상적인 사랑 이야기로 많은 사람들을 설레게 했던 기억이 나네. 정치든 문화든 스포츠든 사람이 사람답게 살자고, 잘 살자고 하는 행위들이니 사랑으로 넘지 못할 벽은 없겠지?

중국을 알자 02

기네스북 등재
중국 기록 지구 한 바퀴

기네스북, 누구나 다 알고 있지? 세계 최고의 기록들을 기록해 놓은 모음집인데, 매년 발간하는 책으로 유명하지. 우리나라에도 기네스북에 등재된 기록이 몇 가지 있는 건 알고 있을 테고. 최근에는 방탄소년단이 신곡을 낼 때마다 인터넷 동영상 사이트나 음원 사이트, 라디오 방송 등 여러 부문에서 기네스북 기록을 매번 새로 쓰고 있어. 싸이의 〈강남 스타일〉 뮤직 비디오도 유튜브 추천 수로 기네스북에 올랐었고. 방송인 강호동은 여덟 시간 동안 2만 8,233명과 악수를 하며 악수 오래 하기 기록을 가지고 있고, 가수 광희는 티셔츠 많이 꺼입기무려 252벌로, 피겨 여왕 김연아는 밴쿠버 동계 올림픽에서 받은 쇼트 프로그램 점수, 프리 스케이팅 점수, 총점으로 세 부분 모두 기네스 인증서를 받았어. 지금은 후배 선수에 의해 기록이 깨져서 조금 아쉽긴 해. 또 일출로 유명한 정동진역은 바다에서 가장 가까운 기차역으로 등재됐지.

인구 5,000만의 조그마한 나라인 우리나라조차 이렇게 기네스 기록이 많은데, 14억 인구 대국 중국에는 얼마나 많을까? 아마 좀 과장해서 말하자면 지구 한 바퀴를 돌고도 남을 거야. 그중에서 재미있는 것만 몇 개 살펴보자고.

우선, 우리뿐 아니라 세계 어느 나라 사람들을 붙들고 물어도 중국하면 제일 먼저 떠오르는 것 1위는? 그래, 맞아! 그거야. '사람이 많다.' 인구 최다 국가로 기네스북에 등재되어 있었어. 그것도 기네스북이 처음 만들어진 때부터 말이야. 물론 지금은 인도가 인구 1위를 차지하고 있기는 하지만. 그 당시 중국 인구는 약 6억 명이었는데 세계 인구의 24% 정도였다고 해. 그때나 지금이나 많긴 많구나.

중국의 유명 영화배우 청룽成龙, 정룽 알지? 찍은 영화만

100편이 넘는 중국 영화계의 대배우인데, 그 사람 기네스 기록을 보면 참 대단해. 영화 〈차이니즈 조디악〉에서는 15개의 역할주연·감독·프로듀서·각본 등을 해서 단일 영화 최다 크레디트로 기네스 기록을 받았고, 또 살아 있는 배우 중 가장 많은 스턴트를 소화한 경력으로도 기네스북에 올라 있어. 지금이야 환갑이 넘은 할아버지이니 액션이 예전 같지 않지만, 아직도 스턴트맨을 대역으로 쓰지 않고 직접 모든 연기를 하는, 장인 정신이 남다른 멋진 배우지. 액션 영화를 100편 이상 찍으면서 대역 없이 연기를 하다니, 기네스북에 오를 만하지 않아? 정말 리스펙트!

아이돌 그룹 엑소에서 탈퇴하고 중국에서 활동하는 루한鹿晗도 기네스북에 올랐어. 2013년 8월에 SNS인 웨이보微博에 올린 글 한 개에 무려 1,316만 2,859개의 댓글이 달려서 가장 많은 댓글이 달린 웨이보 글로 기네스북에 올라 있대. 또 연예인 중에서 유명한 기네스 기록은, 중국 아이돌 그룹 TFBOYS 멤버인 왕쥔카이王俊凱의 웨이보 글 하나가 무려 4,277만 6,438번 리트윗된 거야. 중국에서의 SNS 반응은 천만 명 단위이니 좀 무섭지 않니? 호응이면 다행인데 그 반대라고 생각해봐. 아휴, 생각만 해도 소름끼친다.

 그런 유사한 것이 또 있어. 중국인들이 광장에 모여서 춤추는 것 본 적 있어? 그걸 광장무广场舞라고 하는데, 세계 최대 규모 광장무가 기네스북에 등재되어 있지. 2014년 11월에 저장성 항저우에서 2만 5,703명이 한꺼번에 춤을 췄다고 해. 모두 제대로 맞춰 췄을까, 의문은 들지만 어쨌든 그렇대. 또한 발을 씻어주는 족욕 관련 기록도 중국이 가지고 있어. 2014년 9월 장시성 이춘시의 한 온천에서 동시에 1만 289명이 족욕을 함으로써 최다 동시 족욕인 수 기록을 올렸대.

 등재된 얘기만 하는 건 재미없으니 실패한 사례를 말해 볼게. 2015년에 중국 저장성 양저우에서는 사람들이 모여 4.2톤 분량의 양저우 볶음밥을 한 번에 만들었대. 4.2톤이면 수천 명이 먹을 수 있는 분량이었겠지? 그런데 왜 실패했는지 알아? 볶음밥을 만들어 기록 신청을 한 후에 그 밥을 사람들이 먹지 않고 돼지 사료로 주는 바람에 규정 위반으로 등재가 취소되었대. 식량으로 기록 등재 신청을 한 경우에는 반드시 그 식량을 사람이 식사용으로 사용해야 한다는 규칙을 어긴 거지. 법치국가에서 법을 제대로 모르고 행동하면 어찌 되는지 알 것 같지? 큰 것도 좋고 많은 것도 좋지만 좀 꼼꼼히 챙길 건 챙겨가며 살자고.

중국을 알자　03

중국에서 즐기는
디즈니랜드

중국에서 무슨 큰일이 벌어지면 "역시 대륙의 스케일은 남달라."라고 하지? 그중에서도 남다른 스케일과 개성을 자랑하는 게 있는데 바로 테마파크야. 미국의 유니버설 스튜디오, 디즈니랜드, 한국의 에버랜드나 롯데월드 같은 그런 곳 말이야. 쉽게 생각하면 우리가 좋아하는 놀이동산이라고 할 수 있겠지? 그럼 중국의 놀이동산은 어떨까? 한 마디로 표현하자면, 네가 무엇을 상상하든 상상 그 이상이야.

일단 중국에는 몇 개의 테마파크가 있을까? 중국사람들

도 실제로 자기 나라에 몇 개의 테마파크가 있는지 잘 모를 거야. 연구 기관에 따르면 약 2,500개 정도가 있다고 하더라고. 하지만 대다수는 적자를 내는 소규모 유원지에 불과하고 10%인 약 250개 정도만 운영할 만한 정도의 시설이래. 중국사람이나 외국인들이 꼭 가보고 싶어 하는 테마파크는 20~30개 정도에 불과하고. 하지만 그 테마파크 수준이 어마어마하다는 거지. 세계적으로 유명한 디즈니랜드는 홍콩과 상하이 두 군데에 있고, 헬로키티 테마파크, 조조 테마파크, 공룡 테마파크, 블리자드 테마파크, 펭귄 테마파크 등은 신기한 테마파크에 속해.

중국사람들이 뽑은 베스트 테마파크를 몇 개 소개해 볼까? 다들 궁금해 하는 대륙 스타일의 무시무시한 롤러코스터가 있는 테마파크도 포함되어 있으니 중국 놀러 갈 일 있으면 들어둬.

첫째는 상하이 디즈니랜드야. 상하이 디즈니랜드는 2016년 6월 16일에 개장한 따끈따끈한 놀이동산이지. 디즈니랜드는 전 세계에 여섯 개가 있는데 그중에 세 개가 상하이·홍콩·도쿄, 즉 아시아에 있어. 상하이 디즈니랜드는 규모로 따지면 도쿄 디즈니랜드의 두 배, 여의도의 1.3배에 달할 정도로 어마어마해. 110만 평이나 되며 아시아 최대라니 말 다했지? 새로 만들어진 곳이니 전체적으로 한번 설명해줄게.

내부는 밍르스제明日世界, 대표적 놀이기구 트론 라이트 사이클 파워런, 멍환스제夢幻世界, 대표적 놀이기구 신데렐라성·피터팬, 바오창완宝藏湾, 대표적 놀이기구 캐리비안의 해적, 탄셴다오探險島, 대표적 놀이기구 소어린 오버 더 호라이즌, 미키따제米奇大街, 치샹화위엔奇想花园, 대표적 놀이기구 회전목마 등 여섯 개의 테마 존으로 구성되어 있고, 각각의 테마 존에 걸맞은 놀이기구들을 운영하고 있어.

제일 인기가 좋은 놀이기구가 소어린 오버 더 호라이즌, 중국어로는 아오샹 페이웨디핑셴翱翔·飞越地平线이라는 건데, 롯데월드의 플라이벤처와 비슷한 놀이기구라고 생각하면 돼. 큰 극장에서 살짝 움직이는 의자에 앉아 있는데 중국의 도시를 하늘로 날아서 보는 것처럼 느껴져. 이렇게 유명한 놀이기구는 대기 시간도 어마무시하게 길고 하루 종일 기다려도 못 볼 수 있어서, 대부분 패스트 트랙으로 예매해서 타야 한다고 해. 패스트 트랙은 테마 존별로 운영한다니까,

가기 전에 위치를 잘 확인해서 입장하자마자 달려가서 예약하도록.

참고로 디즈니랜드는 스토리텔링 위주의 테마파크이다 보니 무섭고 위험한 놀이기구는 거의 없어. 하지만 동심을 자극하는 놀이기구들이 가득하지. 하루에 한두 번밖에 진행하지 않는 디즈니 캐릭터 퍼레이드와 매일 밤마다 펼쳐지는 불꽃놀이는 시간에 맞춰 놓치지 말길 바라고.

뭐니 뭐니 해도 머니인데, 입장료가 싸진 않아. 2020년 6월 6일부터 입장료 체제가 4단계로 개편되어서 비수기 399위안/특별비수기 499위안/성수기 599위안/특별성수기

상하이 디즈니랜드

699위안으로 입장료가 계절과 날짜에 따라 달라졌어. 특별성수기에는 입장료만으로 12만 원이 훌쩍 넘는다니 꽤나 부담스러운 가격이야. 가을과 겨울시즌의 평일은 비수기, 봄시즌과 대부분의 주말은 특별비수기, 여름시즌과 일반적인 연휴는 성수기, 황금연휴는 특별성수기에 속한다고 하니 사람 많고 입장료도 비싼 연휴보다는 한가한 평일에 방문하는 게 어떨까? 90일 전부터 홈페이지를 통해서 예약할 수 있고 어린이3세-10세와 고령자65세 이상는 25% 할인 혜택이 있어.

둘째는 홍콩 디즈니랜드야. 홍콩 디즈니랜드는 2005년 9월 12일에 개장해서 상하이 디즈니랜드가 오픈하기 전까지 중국인이 가장 가고 싶어 하는 놀이동산 중 하나였지. 그런데 개장 초기에는 몇 년 동안 적자를 면하지 못할 만큼 부진했다고 해. 왜냐하면 중국사람들은 타고 노는 놀이기구를 좋아하는데, 홍콩 디즈니랜드는 처음에 캐릭터를 위주로 퍼레이드나 조형물에만 신경을 쓰고 있었기든.

부지도 그렇게 넓지 않고 중국인들은 잘 알지도 못하는 만화 캐릭터들만 있으니, 처음에야 궁금해서 가보더라도 다시 찾진 않았다는 거지. 그러다가 2008년부터 약 6,000억 원 정도를 들여서 대대적인 리모델링을 하고 새로운 테마 존을 건설하면서 다시 인기를 끌게 되었어. 그때 만들어진 테마 존이 토이 스토리 랜드, 그리즐리 걸취, 미스틱 아일랜드래. 지금 홍콩 디즈니랜드에서 가장 인기 있는 테마 존이라고 하니 갈 일 있으면 꼭 들러봐.

티켓 가격은 1일권 639홍콩달러533위안, 약 9만 610원, 2일권 719 홍콩달러600위안, 약 10만 2,000원야. 참고로 홍콩 디즈니랜드는 셀카봉 반입 금지야. 상하이 디즈니랜드와는 다른 매력을 가지고 있는 홍콩 디즈니랜드. 놀이동산 마니아라면 가볼 만해.

셋째는 환러구 베이징欢乐谷北京 이야. 환러구는 중국의 프랜차이즈 테마파크야. 중국 여행사업 그룹인 화차오청华侨城 그룹에서 선전深圳을 시작으로 베이징北京·상하이上海·우한武汉·청두成都·톈진天津 등 중국의 대도시에 건설했고, 대부분 성공했다고 볼 수 있어. 그중에 가장 인기 있는 곳은 선전과 베이징이라고 해.

중국 본토의 테마파크로 수려한 자연경관을 기본으로 다양한 테마를 가진 구역을 설정하여 재미있고 무시무시한 놀이 기구를 곳곳에 배치하고 있지. 복합 문화공간으로서의 성격도 가지고 있어서 베이징 환러구에는 중국 3대 공연 중 하나인 〈금면왕조〉를 상영하는 극장도 있어. 베이징 환러구는 유럽·미국을 합쳐도 몇 대 없고 아시아에 단 한 대만 존재하는 대단한 롤러코스터가 있는 곳으로 유명한데, 일명 '플라잉 코스터'가 있어.

이름은 쉐징선이水晶神翼라고 하는데, 레일에 앉아서 가는 게 아니라 등에 레일을 고정시켜서 달리는 거라 위에서 아래를 내려다보고 하늘을 나는 기분을 느끼게 해주는 거지. 상상만 해도 짜릿하지 않아? 베이징에 방문한다면 꼭 가보길

베이징 환러구의 쉐징선이(水晶神翼, crystal wing)

추천해!

넷째로는 창저우 중화 공룡원Dinosaurs land이야. 공룡원이라니 뭔가 가슴이 두근두근, 근사하지 않아? 2000년 9월에 문을 열었고 규모는 에버랜드의 3분의 1 수준으로 그렇게 넓지는 않아. 공룡 모형을 이곳저곳에 배치해 놓아 사진 찍기도 좋고 실제 공룡 화석이 있는 공룡 박물관도 있으니 학습 효과도 좋지.

그런데 말이야, 이곳에는 전 세계에 단 세 대밖에 존재하지 않는 롤러코스터가 있어. 일명 '4차원 롤러코스터4D귀산롱 过山龙'라고 불리는데, 상상도 할 수 없는 기술을 자랑하지. 보통

창저우 중화 공룡원

롤러코스터라고 하면 레일에 앉아서 타거나 위에서 소개한 베이징 환러구의 쉐징선이처럼 등쪽으로 레일을 지고 타게 되잖아. 그런데 이건 레일을 가운데 두고 양옆으로 자리를 만들어 두었어. 물지게를 진 모양이라고 생각하면 되지.

그런데 왜 4차원이냐고? 자리에 가만히 앉아 있지 않거든. 자리가 앞으로 옆으로 위로 아래로 돌아가는 거야. 그러면서 일반 롤러코스터처럼 위에서 수직낙하를 하니 상상할 수 없는 쾌감과 짜릿함을 맛볼 수 있지. 롤러코스터 마니아라면 멀리 미국까지 가지 않아도 중국에서 충분히 즐길 수 있지 않겠어? 공룡 구경은 덤으로 하고 말이야.

다섯째는 광저우의 창룽환러스제长隆欢乐世界야. 한국 한자로 읽으면 '환락 세계'인데 이름 한번 거창하지? 말 그대로 즐겁고 행복한 세계라고 생각하면 되는데, 정말 온갖 볼거리, 놀 거리, 즐길 거리가 한 군데에 모여 있는 복합 테마파크라고 보면 돼. 놀이동산을 비롯해서 야생동물원·서커스장·워터파크·악어공원까지 있어서 취향 따라 골라갈 수 있어.

물론 이곳들은 다 따로 입장료를 받기는 해. 특히 이곳의 동물원은 면적·규모·동물 수가 아시아 최고이고, 세계 3대

서커스가 있어 볼 만한 것이 많기로 소문이 자자하지. 놀이동산 또한 중국 내에서 재미있기로 소문난 놀이기구가 가장 많은 곳으로 유명한데, 롤러코스터만 종류별로 네 대나 운영할 정도로 규모도 어마어마해.

특히 이곳의 롤러코스터 중에 10환궈산처 10环过山车 는 360도 회전을 가장 많이 하는 롤러코스터로 기네스 세계기록에 등재되어 있대. 그리고 최고 인기를 자랑하는 췌이즈궈산처 垂直过山车, 이건 80미터 높이, 건물 30층쯤에서 거의 수직으로 낙하하게 되어 있어. 또 롤러코스터 레일 위에 오토바이를 올린 모터궈산처 摩托过山车 라는 것도 있대.

우리에겐 아시안 게임 정도로만 알려진 도시에 이런 멋진 테마파크가 있다니 놀랍지 않니?

테마파크 분야에서 중국은 한국을 넘어선 것은 말할 것도 없고 전 세계적으로 가장 발전하고 있는 나라라고 해도 과언이 아닐 거야. 이미 건설된 두 개의 디즈니랜드와 일본보다 큰 헬로키티 테마파크를 비롯해서 앞으로 건설될 베이징 유니버설 스튜디오와 상하이 레고 랜드까지. 전 세계의 유명한 테마파크가 다 중국으로 모일 거거든. 그리고 중국 본토 자본의 테마파크도 뒤질세라 다양한 콘셉트로 손님 맞을 준비를 하고 있고. 어때? 중국의 테마파크, 꼭 한 번은 가 봐야 하지 않겠어?

10环过山车(10环过山车)

췌이즈궈산처(垂直过山车)

중국을 알자 04

억대 방송인,
방송인 억대

중국에서 최근에 가장 발전하고 있는 분야가 뭐냐고 묻는다면, 인터넷과 모바일 관련 분야라고 대답할 수 있지. 그 중 인터넷 개인방송은 그 열기가 대단해. 그 열기가 얼마나 뜨거운지 한번 알아볼까?

중국에서는 인터넷 개인방송을 직접 방송한다는 의미로 즈보直播라고 해. 2008년 무렵부터 소소하게 시작된 인터넷 방송 시장은 2015년부터 본격적으로 발전하기 시작하는데, 당시 유저는 약 1억 9,500만 명 정도였어. 그런데 2년 만에 유저가 두 배를 넘더니, 2017년에는 약 4억 1,700만 명, 2020년에는 약 5억 6000만 명까지 증가했어. 이 수치는 중국 전체 인터넷 사용자인 약 9억 4백만 명의 61.95%에 달하는데, 중국사람 세 명 중 한 명은 인터넷 개인 방송을 본다는 말이지. 시장규모를 금액으로 따지면 2012년에 약 10억 위안에서 2018년에 약 400억 위안으로 엄청나게 증가했고, 2022년에는 약 1,100억 위안약 18조 원까지 성장할 것으로 예측하고 있어. 특히 2020년 코로나19의 영향으로 재택근무, 온라인 수업 등이 활성화 되면서 집에 있는 시간이 길어진 사람들이 다양한 방법으로 더 많은 시간 동안 인터넷 방송을 즐기게 되면서 폭발적인 성장을 이루었지.

그럼 어떤 방송이 가장 인기가 좋을까? 현재 중국은 크게 세 영역의 방송이 선두를 달리는데 바로 게임 방송, 엔터 방송, 그리고 쇼핑 방송이야. 우리나라는 보통 인터넷 방송을 본다고 하면 아프리카 티비나 유튜브를 보지? 중국에서는 유튜브 접속이 차단되어 있기 때문에 자체 인터넷 플랫폼이 굉장히 많이 발전되어 있어. 게임방송으로 유명한 플랫폼은 후야虎牙와 더우위斗鱼인데 이 두 곳의 이용자 수만도 우리나라 인구수보다 많은 약 5,600만 명에 달해.

2021년 현재 가장 인기가 많은 게임BJ는 던전앤파이터 게이머 쉬쉬바오바오旭旭宝宝인데 구독팬만 약 1,400만 명에 달하고, 방송의 동시 접속자가 30만 명을 거뜬히 넘는다고 해. 이 사람의 월수입은 1,000만 위안약 170억 원 정도라니 놀랍지 않니? 한국 방송에서 한국의 LOL 게이머인 '도파'를 중국에서 성공한 프로게이머라며 소개한 적이 있었는데, 도파의 2014년 연봉이 약 25억 원 정도였으니 중국의 인터넷 방송 시장이 얼마나 거대한 자본으로 성장했는지 잘 알 수 있지.

도파뿐만 아니라 한국의 다른 유명 BJ들도 2016년부터

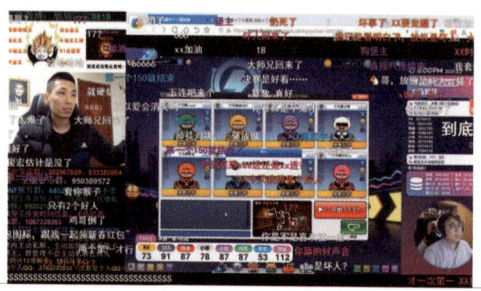

넥슨의 게임 '카트라이더'를 하고 있는 쉬쉬바오바오 (旭旭宝宝)

중국시장에 대거 진출했어. 방송 꽤나 하는 예쁘고 늘씬한 BJ들 많잖아! 그러다 보니 재미있는 일화도 있어. 하루는 우리나라의 유명 BJ가 방송하는 플랫폼에 중국 완다그룹 회장 아들 왕스총-쉽게 말해 재벌 2세, 다이아몬드 수저-이 접속해 있었대. 이 재벌 2세는 당시에 중국 최대의 인터넷 방송 사이트를 운영하고 있었고, 완다 그룹은 중국에서 가장 돈 많은 그룹 중의 하나이니 보통 재벌 2세는 아니지. 암튼 방송 중에 어떤 네티즌이 14만 위안약 2,300만원의 선물, 일명 별풍선을 쏘면서 왕스총을 도발? 한 거야. 왕스총은 그 도발을 받아서 23만 위안약 3,900만원을 쐈고. 이 BJ는 하룻밤에 6,000만원이 넘는 돈을 벌게 된 거지. 얼마나 좋았겠니? 감격해서 울었겠지. 그런데 그 장면이 뉴스를 타고 중국 전역에 퍼진 거야. 철없는 금수저의 과소비로 한국 BJ도 덩달아 유명해진 거지.

사실 중국에서는 이렇게 한국인 BJ가 유명해진 적도 있지만, 우리가 중국의 BJ들에 대해서는 알 방법이 거의 없었고 관심도 많지 않았던 게 사실이야. 그런데 바로 얼마 전부터 전 세계적으로 엄청난 반향을 일으킨 앱이 등장해. 바로 '틱

톡'이라는 앱이지. 아마 그 앱이 중국 것인지 몰랐던 사람들도 있을 걸? 중국어로는 더우인抖音이라고 하는데 이 앱에서 가장 많은 팔로워를 보유한 사람 중 하나인 펑티모冯提莫의 '고양이송'은 분명 들어본 적이 있을 거야. 워낙 귀엽고 예쁜 외모에 노래까지 잘하는 완벽한 모습에 당시 많은 남학생들이 갑자기 중국어를 열심히 공부하기 시작했다는 얘기가 있을 정도였어. 이 BJ는 더우위斗鱼라고 하는 게임방송 전문 플랫폼에서 게임을 하며 간간히 노래를 부르다 유명세를 타게 되어 지금은 앨범도 내고 가수로도 활동을 하고 있지. 한국에도 와서 우리나라의 BJ인 보겸과 함께 방송을 한 것으로도 유명한데 아마 한국 사람들에게 알려진 거의 유일한 중국인 BJ가 아닐까 해.

중국의 인터넷 개인방송은 한국과 마찬가지로 예쁘고 늘씬한 BJ도 많고 다양한 분야의 엔터방송 BJ들도 그 수가 엄청나. 그런데 중국엔 조금 다른 차원의 BJ들이 존재해. 실제로 중국에서 가장 영향력 있는 사람 중 하나가 왕홍网红이라고 불리는 탑급 인플루언서인데 중국 인터넷 시장의 큰손이라고 해도 과언이 아니야. 왜냐하면 유명 BJ들이 개인 방송에서 말하는 것 하나하나가 중국의 인터넷을 움직이거든. 2017년에 아주 재미있는 경매가 있었어. 7분 만에 최고가 약 38억 원으로 화장품 회사에 낙찰된 상품이 있었는데, 뭐였을 것 같아? 바로 중국의 유명 BJ '파피장papi醬'이라는 사람이 진행하는 방송의 광고권이었어. 현재 웨이보, 더우인, 콰이 등 다양한 플랫폼에서 약 8,000만 명 이상의 팔로워를 보유하고 있고 중국에서 최초로 펀드 투자까지 받은 사람으로 유명하지만 외모는 우리나라의 유명 BJ처럼 늘씬하고 예쁘지 않아. 오히려 평범하지. 그런데 정말 재미있게 말하는 재주를 가졌거든. 여러 가지 주제에 대해 속이 뻥 뚫리게 말하는데, 가끔은 중국 정부에 대해서도 거침없이 말해서 경고를 받기도 한대. 정말 말발 하나로 유명인사가 된 대표적인 인터넷 스타라고 볼 수 있어. 한 번 방송할 때마다 몇 백만 명은 기본이고 2017년 7월에는 접속자수가 2,000만 명이 넘었다고 중국 언론에서도 난리가 난 사람이니 이 사람의 방송에서 한번 언급된다는 게 얼마나 큰 파급효과가 있을지 상상할 수 있겠어? 2019년에는 중국에서 가장 큰 온라인 쇼핑몰 타오바오의 자회사인 티몰의 광군제중국의 가장 큰 쇼핑데이, 11월 11일 행사를 홍보하기도 했고, 최근에는 육아용품 광고까지 찍었다니 그의 위상이 웬만한 연예인 저리가라 할 만해.

　우리나라도 최근에 인스타그램이나 온라인 쇼핑몰에서 실시간 방송으로 물건을 판매하는 일이 많지? 중국의 인터넷 방송시장에서 최근에 가장 많이 성장한 분야가 바로 이 '라이브커머스' 분야인데 최근 중국에서 가장 유명한 왕홍은

탑 3만으로 실시간 시청자 수 1억 명이 훌쩍 넘는 타오바오즈보(淘宝直播) 플랫폼

웨이야薇娅, viya와 리자치李佳琦, Austin라는 사람이야.

웨이야는 2021년까지 중국에서 가장 막강한 영향력을 지닌 왕훙이었어. 2020년 광군제 기간에 53억 위안약 9,010억 원의 매출을 올렸다고 하니 얼마나 물건을 잘 파는지 상상이 되니? 평소 실시간 시청자 수가 2,000만 명은 기본이고 쇼핑 데이에는 5,000만 명이 넘는 사람들이 웨이야의 방송을 시청할 정도로 인기가 좋았어. '웨이야의 방송에서는 좋은 물건을 싸게 살 수 있다'는 믿음이 이런 거대한 팬덤 시장을 만들어 냈고, 실제로 웨이야의 최근 2년 반 수입이 57억 위안약 1조 3천억 원에 달하기도 했대. 하지만 돈은 이렇게 많이 벌었는데 세금을 제대로 납부하지 않았다는 게 밝혀지며 웨이야는 한순간에 나락으로 떨어지고 말았어. 최근 2년간 약 6.9억 위안약 1,300억 원을 탈세했고, 그 벌금으로 13.41억 위안약 2,500억 원을 납부해야 한다는 보도가 있었지. 결국 웨이야의 모든 방송이 정지된 것은 물론 인터넷 소셜미디어 계정도 전부 폐쇄되어 이제는 어디서도 볼 수가 없게 되어버렸어. 사회에 영향력을 행사하는 '인플루언서'라면 국가의 법을 지키고 공익을 추구해야 한다는 것을 전면에 강조한 사건이었지.

　두 번째로 리자치는 립스틱 판매로 유명한 뷰티 전문 왕홍인데, 단 15분 만에 1만 5천 개의 립스틱을 판매하기도 했고 알리바바의 회장이었던 마윈과 판매대결에서 이기기도 한 아주 재미있는 이력을 가진 사람이야. 더욱 반전인 것은 이 사람이 남자라는 사실이야. 립스틱 판매로 유명해져 립스틱오빠口红一哥라고도 불리는 리자치는 원래 화장품 판매사원이었어. 본인의 입술에 립스틱 발색 테스트를 직접 하면서 고객을 상대했던 경험을 바탕으로 인터넷 방송에서 립스틱 리뷰도 하고 판매도 했는데, 상품에 대한 솔직한 리뷰와 귀에 쏙쏙 들어오는 표현력으로 여심女心을 사로잡았지. 게다가 계속 보다보면 안 살 수 없게 만드는 매력적인 입담으로 엄청난 판매고를 올리게 되었어. 현재는 립스틱뿐만 아니라 뷰티, 패션, 생활용품, 식품 등 모든 분야의 상품을 판매하고 있는데 2020년에는 한국의 영유아 스킨케어 브랜드인 '궁중비책'이 리자치와 협업으로 중국에서 대박이 났어. 방송 30초 만에 14,000세트를 팔아치우며 역대 최단시간 완판 기록을 세웠다고 해.

이런 왕훙들과 협업하는 회사들은 왕훙에게 물건을 정가보다 싸게 공급하지만 짧은 시간에 엄청난 물량을 팔 수 있으니 좋고, 소비자 입장에서는 평소에 사고 싶었던 물건들을 싸게 살 수 있으니 좋고, 말 그대로 누이 좋고 매부 좋은 셈이지.

　한국의 우수한 품질의 상품들이 중국 왕훙들과의 협업을 통해 중국 시장에 진출하여 성공한 것에서도 알 수 있듯 중국의 인터넷 방송시장은 그 잠재력이 정말 어마어마하다고 할 수 있어. 비대면 거래가 활성화 되고 있는 현재의 쇼핑시장에서 이들의 영향력은 상상을 초월하며 이미 새로운 마케팅 수단으로 자리 잡았지. 또 현재 더우인틱톡이나 콰이쇼우콰이와 같은 인터넷 개인방송 플랫폼의 BJ들은 라이브 방송뿐 아니라 쇼트클립 동영상을 적극 활용해 제품을 홍보하고 바로 물건을 살 수 있도록 링크를 유도하는 전략으로 인터넷 쇼핑시장을 주도하고 있어. 인터넷 개인방송이 이렇게 다양한 방식으로 발전할 수 있다니 놀랍지 않니? "억" 소리 나는 중국 인구의 저력이 바로 이런 건가 싶어.

중국을 알자　05

밀레니얼 세대, 링링허우가
움직이기 시작했다

중국의 '링링허우零零后, 00后'라는 말 들어봤어?

 '바링허우八零后, 80后'가 80년대에 출생한 세대, '져우링허우九零后, 90后'가 90년대에 출생한 세대라는 의미니까, 링링허우는 2000년대에 출생한 세대를 말하는 거겠지?

링링허우는 바링허우, 져우링허우에 이어 21세기 2000~2009년에 태어난 중국의 신세대를 가리키는 말로 '밀레니엄 세대'라고도 해. 부모는 기본적으로 그 동안 중국의 '소황제 小皇帝'로 불렸던 70년대 생과 80년대 생들이고. 링링허우는 중국 정부의 '1가구 1자녀 낳기 정책'이 폐지되기 전 태어난 마지막 소황제 세대인 셈이지. 이제 막 대학에 들어가기 시작한, 경제적으로도 모자람이 없는 이 세대들이 중국 시장의 중심 소비자가 될 시기를 대비해 이들에 대한 분석이 일찌감치 진행되었지.

최근에는 10년 간 링링허우 아이들의 성장을 다룬 5부작 다큐멘터리 영화 〈링링허우零零后〉도 나왔어. 이 영화는 감독이 2006년 여름, 한 유치원의 10여 명의 천진난만한 링링허우 아이들을 바라보다가 이들이 어떻게 성장할지, 그들의 미래는 어떠할지가 궁금해져 촬영하기 시작한 건데, 10년 동안 아이들의 성장 과정과 모습을 빼놓지 않고 담은 거야. 개성이 다른 아이들이 다른 환경에서 다른 교육을 받으며 어떻게 각기 다른 사람으로 성장하는지를 말이야. 촬영제작팀은 지금도 그들이 어떻게 사춘기의 난관을 돌파하고, 어떻게 미래를 선택하는지 카메라에 담고 있다고 해. 한 무리의 중국 링링허우 아이들에 관한 성장 스토리인 셈이지. 그럼 링링허우의 일반적인 특징을 알아볼까?

첫째, 링링허우는 어릴 때부터 모바일 사용에 익숙한 세대야. 그래서 이들의 생활에서 휴대폰이 차지하는 비중은 매우 크지. 바링허우가 청소년일 때 중국은 정보화 시대가 되면서, 져우링허우는 어릴 때부터 인터넷 시대에서 자랐고, 나아가 지금의 링링허우는 모바일 인터넷 시대에 살고 있어. 그래서 중국에서는 모바일에 익숙하고 모바일 인터넷을 자주 이용하는 이들을 '모바일 인터넷 원주민移动互联网原住民'이라고 부른대.

이런 명칭이 말해주듯 중국 청소년연구센터中国青少年研究中心의 통계에 따르면 링링허우의 휴대폰 소지율은 64.6%에 달하는데, 이는 져우링허우 청소년의 약 여덟 배에 달한다는 거야. 또한 중국의 인기 게임인 펜타스톰의 누적 가입자 수가 2억 명을 넘었고, 하루 이용자 수도 8,000만 명에 달하는데 그중 링링허우의 점유율이 20%를 넘는다는 거지.

한편 링링허우의 30%는 휴대폰으로 공부를 하고, 매일 평균 7.5번, 1회 평균 15분 휴대폰을 사용하는 것으로 조사됐어. 또 휴대폰에서 가장 많이 사용하는 기능은 촬영과 자료 검색으로 나타났대. 중국 iiMedia Research艾媒咨询의 2020년 통계에 의하면 2019년 중국 스마트폰 사용자는 7

억 4830만 명으로, 2021년에는 8억 1290만 명에 달할 것으로 예상했고, 2019년 중국인의 하루 평균 스마트폰 사용 시간은 2시간 14분이야. 특히 요즘에는 2018년 상반기 유튜브를 제치고 앱 다운로드 순위 1위로 올라선 '틱톡TikTok,抖音'이라는 쇼트클립10~15초짜리 짧은 동영상 앱이 신드롬급 열풍을 일으키고 있지. 중국 모바일 유저들이 가장 많이 사용하는 SNS앱은 우리나라의 카카오톡과 비슷한 '웨이신微信,

중국 학생들이 가장 선호하는 전공

출처 高考网

Wechat'이라는 채팅 앱이야.

그런데 제몐界面의 보도에 따르면 링링허우는 'QQ'라는 SNS의 사용 비율이 매우 높대. 링링허우는 개성과 취향이 뚜렷하고 이를 표현하고자 하는 욕구가 몹시 강한데, QQ의 다양한 대화창, 디자인 스킨, 이모티콘, 폰트 등이 그들의 취향을 사로잡은 거지. 그러고 보면 중국사람들도 우리나라 못지않게 모바일 채팅을 많이 하는 것 같지? 취미가 채팅방에서 이모티콘이나 짤로 대화하는, '더우투斗图'라고 말하는 링링허우들도 아주 많아.

둘째, 92.8%의 링링허우가 '정신이 건강해야 행복하다.'고 응답할 정도로 이전 세대에 비해 정신적 건강을 중요시하는 경향이 크다는 점이야. 아무래도 비교적 풍요로운 환경에서 자랐기 때문에 물질보다는 지식과 재능, 정신적 건강을 더 중요한 가치로 여기고 그것을 통한 성공을 추구하는 경향을 보이는 거지.

마지막으로 링링허우는 모바일에 광범위하게 노출된 세대인 만큼 인터넷 기반의 애니메이션·만화·게임·소설·뷰티 등의 문화산업에서도 영향력 있는 핵심 소비자로 부상하고 있어. 그들은 다른 어느 세대보다도 모바일 콘텐츠 사용 빈도가 높고, 유료 콘텐츠 구매에도 굉장히 적극적이야. 아동·청소년의 소비능력은 용돈과 직결된다고도 볼 수 있는데, 중국 청소년연구센터의 조사에 따르면 저우링허우의 최고 연령이 15세였던 당시2005년, 그들의 85%는 하루 용돈이 10위안 이하였고, 50위안 이상인 저우링허우는 1%에 불과했던 반면, 현재 용돈이 50위안 이상인 링링허우는 7.5%에 달한다는 거야. 중국 경제시장이 아동·청소년들의 강력한 소비능력을 무시할 수 없게 된 거지.

바링허우와 저우링허우의 시대가 지나고, 이제 링링허우의 시대가 왔어. 링링허우는 중국의 개혁개방이 이미 뚜렷한 성과를 거둔 후에 태어났고, 첫 번째 링링허우들이 이미 성인의 문턱에 서 있는 만큼 중국 소비 시장이 링링허우를 중심으로 재편되는 것은 시간문제겠지? 그 경제적 영향력은 점점 더 커질 거고.

사람마다 성장환경이 다르고 각자의 성장과정은 복제할 수 없는 것인데도, 사람들은 링링허우라는 집단의 DNA를 찾으려고 노력해. 모바일 인터넷 원주민이며, 국제화되어 있고, 독립적이고, 개성 있고, 시야가 넓고, 권위를 맹신하지 않으며, 고난을 겪어보지 않은 DNA. 일부 사람들은 세대 차이와 '고생 모름'이라는 꼬리표를 달아 이들을 이상한 눈으로 쳐다보기도 하지만, 링링허우도 그 이전 세대들처럼 성장통에 직면해 있어. 분명한 것은 그들이 위를 향해 성장하고 있고, 이제 한 국가의 미래 주역이 되었다는 점이야.

중국을 알자 06

더치페이로
깔끔한 데이트

데이트 비용 부담 문제는 연인 간에 서로 마음이 맞지 않으면 이별 사유가 될 수 있을 정도로 민감하면서도 중요한 문제인 것 같아. 데이트 비용은, 식사 후 정확하게 반반 나누어 계산하는 커플, 남성이 식사를 사면 여성이 후식을 사는 커플, 남성이 전부 식사비를 부담하는 커플 유형으로 크게 나눌 수 있어.

요즘 한국 젊은이들은 공평하게 부담하자는 더치페이를 선호하는 편이고, 이젠 아예 연인끼리 통장을 개설해 데이트 비용을 똑같이 인출해서 사용하는 게 유행이야. 기성세대는 곧 죽어도 남자가 부담해야 한다는 통념을 가지고 있어서 최근 젊은이들의 데이트 비용 부담 방식을 이해 못하기도 하지. 개인적 의견을 보태자면, 이건 옳고 그름의 문제는 아니고 선호도 차이이니 서로의 방식을 이해하면 좋을 것 같아.

더치페이의 'Dutch'는 네덜란드 사람을 일컫는 말이야. 전근대 시기 영국인들은 남성의 체면과 신사적 태도를 중시했는데, 그들 눈에 네덜란드 사람들의 개인주의적 소비방식은 못마땅했어. 그래서 이를 비꼬는 말에서 비롯된 것이 더치페이Dutch Pay야. 그런데 합리적 사고를 중시하는 사회가 되면서 세계 각지에서 널리 쓰이는 생활방식으로 변했어. '더치페이'는 우리말로 각자내기, 중국어로 'AA즈AA制'라고 번역해. AA즈는 '대수 평균'이라는 뜻의 영어 단어 Algebraic Average와 '제도'라는 뜻의 한자어 制(제)를 결합하여 만든 외래어야.

더치페이 문화가 서양에서 들어왔기 때문에 서양 사람들은 데이트할 때 보통 더치페이할 거라고 생각하지만, 오히려 서양에선 남성이 데이트 비용을 내는 것을 예의라고 생각하는 편이래. 하지만 최근 중국 연인 사이에서는 더치페이, 즉 AA즈를 선호하는 추세야.

그렇다고 할지라도 아직까지는 추세일 뿐 AA즈가 완전히 받아들여진 건 아니고, 논란의 대상이 되기도 해. 손님 접대와 체면을 중시하는 중국 문화에서 자란 기성세대들에겐 더치페이가 여전히 낯선 방식이거든. 2012년에는 이 같은 현실을 반영한 〈AA즈성훠AA制生活〉라는 드라마가 방영되기도 했어. 드라마 내용은 바링허우 부부가 연애 과정부터 결혼 후 가정생활까지 집안 살림과 가사 노동의 공평한 분담을 주장하면서 겪게 되는 갈등을 그렸어. 이전에도 더치페이를 주제로 한 드라마가 나왔을 정도로 데이트 비용을 균등하게 나누는 것은 어색하다는 의견이 많고, 지금도 여전히 논란거리야.

바링허우 및 저우링허우 연인 사이에서는 데이트 비용 부담 방식으로 'AB즈AB制'가 관심을 끌고 있어. AB즈는 중국 젊은 남녀들에게 유행하는 변형된 더치페이 방식인데, 남녀가 데이트 비용을 함께 내지만 남자가 좀 더 많이 부담하는 방식이야. 이들은 전 세대에 비해서 물질적 풍요 속에서 성장해서인지 돈 씀씀이가 관대한 편이야. 남자가 자신의 체면을 세우면서도 여자와 함께 부담한다는 점에서 합리적인 방식이라고 생각한대. 남자가 데이트 비용을 책임져야 한다는 전통적 가치관과 양성평등이라는 현대적 가치관을 적절히 접목한 셈이지.

어쨌든 AB즈도 더치페이 방식인 거잖아. 이렇듯 중국 연인 사이에서는 더치페이가 대세야. 더치페이 방식이 빠르게 보편화되는 데에는 여러 가지 이유가 있겠지만, 휴대폰 기술의 발달과 밀접한 관련이 있어. 중국 알리바바 그룹에서 만든 즈푸바오支付宝, 영어로는 알리페이Alipay라고 하는 전자 결제 시스템이 있는데, AA즈 서비스 기능이 있어. 우리나라 카카오톡과 같은 위상을 지닌, 중국 모바일 메신저인 웨이신微信, Wechat에도 단체방에 더치페이 기능이 있고.

이 서비스 기능에 전체 식사 가격을 입력하면 단체방에 있는 사람 수만큼으로 나누어 자동 결제할 수 있지. 즈푸바오나 웨이신의 서비스 기능을 통해 현금이나 신용카드를 꺼내지 않고도 손쉽게 결제할 수 있다 보니 더치페이가 편해진 거야. 계산대 앞에서 서로 쭈뼛쭈뼛하거나 각자 지갑에서 주섬주섬 n분의 1 현금을 꺼내는 불편한 상황을 연출하지 않아도 되는 거지. 이제 중국 젊은이들은 각자에게 할당된 금액을 휴대폰 QR코드로 스캔하는 전자결제 방식으로 깔끔하게 계산하면서 데이트한다고.

중국을 알자 07

먹고 먹히고,
자원 전쟁, 기술 전쟁

중국이 일본을 돌덩이 하나로 굴복시켰던 사건을 아니? 2010년 중국이 댜오위다오釣魚島, 일본식 표현은 '센카쿠 열도' 분쟁에서 희귀 광물인 '희토류'를 수출 중단함으로써 일본에게 사과와 배상을 받아냈던 일인데, 그 때문에 미국까지 비상이 걸려서 국가 간 자원 확보 전쟁이 불붙게 되었던 사건 말이야.

 희토류는 휴대전화나 각종 전자제품·레이더 같은 첨단무기에 꼭 필요한 자원이야. 제조업에서 빠질 수 없는 원자재지. 1980년대까지는 미국 캘리포니아 주 남부의 마운틴패스 광산에서 전 세계 희토류 필요량의 대부분을 공급했지만, 지금은 중국이 저가 공세로 시장을 잠식했지. 마운틴패스 광산은 가동이 중단되고, 현재 인도와 남아프리카 공화국에서도 희토류 원소가 산출되기는 하지만, 대부분은 중국에서 생산되고 있어.

희토류 종류와 사용 분야

란타늄(La)	고강도 합금, 형광체, 반도체
세륨(Ce)	고강도 합금, 연마재
프라세오디뮴(Pr)	산업적 이용 거의 없음
네오디뮴(Nd)	초전도체, 고강도 자석, 반도체
프로메튬(Pm)	첨단 유리, 형광체
사마륨(Sm)	고강도 자석, 레이저
유로퓸(Eu)	형광체
가돌리늄(Gd)	초전도체, 고강도 자석, 형광체, 반도체
테르븀(Tb)	형광체
디스프로슘(Dy)	고강도 자석, 반도체
홀뮴(Ho)	형광체, 고강도 자석
에르븀(Er)	첨단 유리, 초전도체
툴리움(Tm)	X선 발생장치
이터븀(Yb)	레이저
루테튬(Lu)	초전도체
이트륨(Y)	형광체, 반도체
스칸듐(Sc)	산업적 이용 거의 없음

이후 중국은 전 세계 희토류 시장의 97%를 장악했고, 센카쿠 열도 분쟁에서도 희토류 수출 금지 조치로 일본을 굴복시켰어. 중국과 무역·환율 전쟁을 벌이고 있는 미국도 희토류 확보에 비상이 걸렸었고.

먼저 영토 분쟁에서 자원 분쟁으로 불거졌던 동중국해 분쟁에 대해 간략히 설명해 줄게. 2010년 9월 일본이 센카쿠 열도 주변에서 조업을 하던 중국인 어부를 체포했어. 이때

중국과 일본의 영토 분쟁 지역인 댜오위다오(일본명 센카쿠 열도)

EEZ(Exclusive Economic Zone : 배타적 경제 수역)

중국은 격렬하게 항의했지. 중국 정부에서 희토류 수출을 중지하겠다는 카드를 꺼내들자, 일본은 어쩔 수 없이 중국인 어부들을 무조건 석방하는 조치를 취했어. 중국은 여기서 그치지 않고 정부 차원에서의 사과와 배상을 하라고 으름장을 놓았는데, 결국 일본은 울며 겨자 먹기로 정부 차원에서 중국에게 사과와 배상을 하는 굴욕을 당했지.

그러나 이 영토 분쟁과 자원 전쟁에서 중국이 완승했다고 볼 수 없어. 일본은 중국의 수출 중단으로 세상을 놀라게 한 희토류 파동을 결국 극복해 냈어. 일본 기업은 희토류 대체 기술과 재활용 기술을 개발했고, 인도·브라질 등으로 수입처의 다양화를 모색했거든. 희토류의 중국 의존도는 2년 만에 절반 아래로 떨어졌지. 일본의 수요가 줄자 중국 희토류 가격이 폭락했고 마침내 중국도 큰 손해를 입었어.

당시 중국의 원자재 수출 중단은 세계 각국을 크게 놀라게 했어. 세계 최대 외화보유고를 배경으로 중국 기업들이 에너지·천연자원 시장을 대거 확보하고 있었거든. 중국은 제품을 생산해서 미국에 수출하면서 자연스럽게 달러가 중국 내로 많이 유입되었어. 다량의 달러 유입으로 그 화폐동화 가치가 떨어지고 물가가 지속적으로 상승하는 인플레이션 현상이 일어났고. 인플레이션 현상을 극복하기 위해 달러를 소비해야 했지. 그래서 중국은 막대한 외화보유액을 앞세워 석유·철광석·알루미늄 등 전 세계의 자원을 전투적으로 확보한 거야. 그런데 중국만을 나무랄 수 없는 것이, 중국의 외화보유액 중 70%가 미국 달러 자산이다 보니 외환의 안정적인 가치 유지를 위해서도 외환을 활용한 해외투자는 필요한 거였어.

2010년 일어났던 동중국해 분쟁은 우리에게도 시사하는 바가 있어. 중국이 외교 협상 카드로 일본에게 했듯이 우리에게도 경제적 압박을 가할 수 있거든. 중국에 대한 경제의 존도가 큰 우리나라는 손실이 클 수밖에 없을 거야. 하지만 일본을 타산지석 삼아 경제적 압박을 경제 논리로 극복하는 지혜를 내야겠지. 수입처의 다양화, 대체기술 확보 등에 신경 쓰면서 말이야. 위기가 기회라고, 생각하기 나름이겠지?

중국을 알자　　08

월스트리트의
지진 진앙지는 어디?

만일 중국과 미국이 전쟁을 벌인다면 어떻게 될까? 어쩌면 두 나라는 이미 총성 없는 무역 전쟁을 하고 있는지도 모르지만. 세계의 공장으로 불릴 정도로 중국의 생산 능력이 막강해지면서 중국은 저가로 물량 공세를 하는 생산 중심 국가가 되었잖아. 반면에 미국은 달러를 쏟아 부으며 구매를 하는 소비 중심 국가가 되었고. 이런 불균형은 양쪽에 모두 바람직하지 않아. 중국이 생산국이 아닌 소비국으로의 전환을 꿈꾸며 2050년까지 '사회주의 현대화 강국'을 만들겠다는 시진핑 시대 '2035, 2050 Plan'을 목표로 변화하고 있는 것만 봐도 알 수 있듯이 말이야.

왜 이런 정책을 펴는지 상황을 좀 살펴보자. 미국의 최대 수입 상대국이 중국이다 보니 다량의 미국 달러와 채권이 중국으로 흘러들어 가고 있어. 참고로, 채권은 정해진 기간 내에 빌린 돈과 이자를 갚겠다는 계약 형식이고, 미국 채권은 미국 국채라고 볼 수 있지. 이 채권은 주식처럼 화폐 시장에서 하나의 수단으로 자유롭게 사고 팔 수 있고. 만일 미국이 중국으로부터 수입을 많이 하면 할수록 중국에 지불할 달러는 더 많이 필요하겠지? 그런데 미국 내 달러의 양은 한정되어 있다 보니 미 중앙은행은 부족한 달러를 채우기 위해 미국 화폐를 더 발행하게 돼.

여기서 잠깐, 미국의 달러를 찍어내는 곳이 어디인지 좀 짚고 넘어갈까? 미국은 화폐 발행을 하는 중앙은행의 기능이 우리나라와 달라. 중앙은행이 정부로부터 얼마나 독립되어 있느냐를 보면 그 나라의 경제구조를 파악할 수 있다는데, 우리나라의 중앙은행은 한국은행이고 행정부의 영향력을 많이 받아. 반면 미국의 중앙은행인 연방준비제도이사회

FRB, 이하 '연준'는 정부기관이 아니라 증권시장에 공개되지 않은 개인들의 주식회사지. 따라서 정부의 입김이 잘 통하지 않아. 그래서 미국의 중앙은행장은 '세계 경제 대통령'이라고 할 만큼 힘도 있고 정치권으로부터도 독립되어 있어.

연준은 화폐 발행권이 있어서 미국 내 통화량을 조절하는 역할도 하지. 미국 달러를 발행하기 위해 연준이 미국 국채를 담보로 잡고 돈을 찍어내는 거야. 우리나라는 한국은행이 화폐를 발행한다고 해서 민간 은행이 배당금을 받아가는 일은 없지만 미국은 그렇지 않아. 연준에 지분을 가진 민간 은행들은 매년 6%의 배당금을 가져가는데, 그 돈은 미국 정부가 국채를 담보로 화폐를 발행한 것에 대한 이자에서 발생하는 거야. 국가 정책인 화폐의 발행이 자동적으로 민간 은행에 수익을 안겨주는 구조인 셈이지. 달러를 많이 발행하면 민간 은행들이 미국 채권, 즉 국채를 수중에 넣었다가 중국에 팔기도 하고. 이런저런 이유로 중국은 외국인 수중에 있는 미국 국채 중 약 5분의 1을 갖게 되었어.

물건을 많이 팔다 보니 중국은 3조가 넘는 달러와 다량의 미국 국채를 가진 세계 1위의 외환보유국이 되었고, 그렇다고 중국이 미국 국채를 국제 시장에 함부로 풀지는 못해. 왜냐하면 시중에 달러가 많아지면 통화 가치가 하락하니까. 세계 표준 화폐나 다름없는 달러의 통화 가치가 떨어지면, 증시도 약세를 보이면서 세계 경제가 요동을 치게 되거든. 세계 증시의 중심지인 미국의 월스트리트는 지반이 흔들릴 거고, 달러 기반의 자산은 폭락하게 되지. 당장 미국 경제의 근간이 흔들리면서 세계 경제가 불안해지니까.

언뜻 보면 중국이 미국의 목줄을 쥐고 있는 것처럼 보이지? 하지만 미국 경제가 흔들리면 중국 경제도 급속도로 혼란에 빠질 게 분명해. 두 나라는 경제적으로 공생 관계를 이루고 있어서 한쪽 경제가 무너지면 다른 한쪽도 큰 타격을 입게 되거든. 그러니 무역 전쟁으로 승패를 가리기보다 평화 협정을 맺어서 함께 살 길을 구하는 게 현명해 보이는데, 쉽지만은 않은 실정이야. 통상문제를 둘러싼 중국과 미국의 힘겨루기는 당분간 계속될 것 같아.

미국의 전 대통령 트럼프는 자국의 실익을 챙기려는 실리주의 전략을 펼쳤어. 미국 우선주의를 기반으로 미국 내 제조업을 육성하고 수출을 확대함으로써 고용을 확대하는 동시에 무역적자를 축소해보려는 것이었지. 그러다 보니 중국과 통상마찰이 불가피하게 된 거야. 앞서 말했다시피 중국은 미국의 최대 수입 상대국이자 무역적자 대상국이잖아. 그래서 미국은 중국에 압박을 가하며 무역 불균형 문제를 해결하는 동시에 경제적 실익을 챙기려 하고 있어.

이러한 미국의 압박에 대해 중국도 맞대응을 하고 있고, 미국의 무역적자는 중국에 대한 통상압박으로만 해결될 수 없는 문제라는 것이 중국의 견해지. 사실 중국과의 무역으로 실질적인 이득을 보고 있는 것은 미국 기업이며, 양국 간 무역전쟁이 일어날 경우 미국이 큰 손해를 입을 거라는 얘기야.

그래서 중국은 미국을 상대로 '신형 대국관계'를 형성하자고 입버릇처럼 말하곤 했었어. '신형 대국관계'란 2012년 시진핑 국가주석이 당시 미국 대통령 오바마에게 '상호존중, 평화공존'을 주요 내용으로 중국의 핵심이익을 존중해 달라고 주장한 외교 정책이야. 중국은 미국에 평등하고 동등한 관계를 요구한 셈이지.

또한 2017년 시진핑 집권 2기 개막을 계기로 중국 정부는 '신형 국제관계'라는 외교 정책을 발표했어. 대외 외교 정책으로 내세운 '신형 국제관계'는 국가 간 '상호존중, 공평·정의, 협력, 공영'이라는 내용을 주요 골자로 하고 있어. 약육강식의 법칙을 버리고 모든 국가를 평등하게 대하는 중국 전통 외교 방식을 취하겠다는 거지. 자국 중심의 실리주의 외교를 하려는 트럼프 미국 행정부와 달리 중국은 공존공영의 '신형 국제관계'를 모색하려고 했어.

중국은 미국의 경제적 압박에 호락호락 당하지만은 않겠다는 태도야. 최근 중국 정부는 '눈에는 눈, 이에는 이'로 보복할 거라면서, 미국 제품의 수입을 제재하거나 미국 국채의 매입을 축소하는 카드를 꺼낼 수 있다고 경고하기도 했거든. 그러면 미국 내에 달러 통화량이 많아지면서 인플레이션 현상이 일어날 거야. 물가가 지속적으로 상승하는 인플레이션 현상으로 미국 국민은 물건을 사려 하지 않을 테고, 소비 중심의 미국 경제는 큰 타격을 받을 수 있지.

그럼에도 불구하고 최근에 중국과 미국의 무역전쟁이 심화되고 있어. 하지만 전세계 금융위기가 올 정도로 커지지는 않을 거야. 공생하며 발전할 현명한 방법을 찾겠지. 세계 평화를 위해서도 그래주길 바라고.

중국을 알자　09

마음대로 땅을 살 수도, 이사를 할 수도 없다고?

우리나라에선 개인의 의사에 따라 쉽게 할 수 있는 이사. 그런데 중국에서는 마음대로 이사를 못 한다는 거 알고 있어? 왜 그럴까? 중국에선 땅을 살 수가 없어서? 그럼, 이건 또 무슨 얘길까? 사회주의 국가인 중국의 땅은 모두 기본적으로 국가 소유이기 때문에 땅을 개인이 소유한다는 것은 불가능해. 국민은 땅에 대한 사용권을 임차하는 형태로 주택을 소유하고, 주택 구입에 대한 임대 기간은 대략 70년 정도래. 하지만 땅을 못 사기 때문에 마음대로 이사를 못 하는 건 아니야. 마음대로 이사를 못하는 이유는 바로 '후커우户口' 제도 때문이지.

중국은 후커우라는 호적 제도가 있어. 후커우는 한 가구에 속한 사람의 신분에 관한 사항을 기록해 놓은 공문서로, 후커우 제도는 신분과 거주지를 증명한다는 점에서 우리나라

후커우 증

후커우 내용

의 주민등록증 제도와 비슷한데, 중국은 후커우의 이동이 현실적으로 거의 불가능해. 사실상 거주이전의 자유가 없는 거야.

중국은 농민들의 도시 유입이 가속화되자 농촌 인구를 붙잡아 두기 위해 1958년 도시 호적과 농촌 호적이라는 이원화된 호적 제도를 만들어, 농촌 호적자가 도시로 이주할 경우 교육이나 주택·의료·복지 등에서 거의 혜택을 받지 못하게 했어. 농촌 인구가 도시로 유입될 수 없도록 원천봉쇄하는 정책을 실시한 거지. 즉 지금 중국의 후커우 제도는 정부가 국민의 거주지 이전을 효과적으로 통제하기 위해 만든 시스템이야.

중국 호적 제도의 역사는 2,000여 년 전 춘추전국春秋戰國 시기로 거슬러 올라가. 당시는 여러 나라들이 전쟁을 벌였기 때문에 인구가 제일 중요한 자원이었지. 세금·부역·병사 등이 모두 인구에서 비롯되었으니까. 중국인은 태어나면서부터 부모의 후커우를 물려받아. 만약 부모에게 물려받은 후커우를 변경하려면 반드시 정부의 허가를 받고 이주지의 후커우를 취득해야 하지.

후커우는 크게 도시 후커우와 농촌 후커우로 나뉘는데, 도시 후커우도 1선 도시, 2선 도시, 3선 도시 등으로 도시의 등급에 따라 구분해. 베이징·상하이·광저우·선전 등과 같은 특대도시가 1선 도시야. 도시 후커우를 가진 사람이 농촌 후커우로 바꾸는 것은 쉽지만, 그 반대는 아주 어렵대.

그럼, 예를 들어 다른 지역의 후커우를 가진 사람이 베이징의 후커우를 얻기 위한 방법은 뭘까? 먼저 베이징의 후커우를 가진 사람과 결혼해서 베이징 후커우를 신청하고 일정 기간이 지나면 받을 수 있어. 다음으로는 베이징의 고급 공무원이 되거나 베이징에 있는 기업의 고위직 역임, 해외에서 공부한 인재가 베이징 소재의 기업에 취직을 하는 경우 등의 방법이 있고. 어렵고 복잡하지?

중국인들은 왜 그렇게 도시 후커우를 가지려고 하는 걸까? 농촌 후커우를 가진 사람도 도시에 가서 임의로 살 수는 있어. 하지만 그 도시의 후커우를 취득하지 못하면 교육·취업·의료·주택·사회보장 등 시민으로서 받을 수 있는 각종 혜택에서 제외되고, 도시 후커우를 가지고 있는 사람과 그렇지 못한 사람 사이에 차별도 심하기 때문이야. 중국에서 후커우는 한 지역에 합법적으로 거주할 수 있는 권리인 동시에 신분의 상징이기도 하거든. 그런데 이 제도는 도시계급과 농촌계급이라는 신분제도를 고착시키고 도시와 농촌 간의 생활수준 격차를 심화시키는 등 각종 사회적·경제적 문제도 안고 있어. 이 문제는 중국의 고른 성장을 저해하고 사회 안정을 위협할 수도 있을 거야.

이처럼 후커우 제도로 인한 부작용이 심각해지자 중국 정부는 사회변화를 수용해 도시 후커우 개방을 통한 투자이민 및 기술이민 유도, 도시 후커우 취득기준 완화, 특대도시에 공헌이 있는 사람에게 일정 기준에 따라 점수를 부여하여 후커우를 발급하는 적분제 후커우 취득제도积分落户制 시행, 소도시와 읍면 단위의 후커우 취득규제 전면 해지, 일부 중소도시의 통합 주민 후커우 시범 운영 등 후커우 제도 개혁을 추진하고 있어.

그 예로 베이징 시는 2016년 '임시거주증暂住证'을 '거류증居留证'으로 격상시키고, 베이징에 6개월 이상 거주한 외지 주민 중 합법적이고 안정적인 일자리 혹은 주거지가 있거나 연속 취학하는 등 세 가지 조건 중 한 가지 사항에 부합될 경우 거류증을 신청할 수 있는 조례를 공식 발표했어. 도시의 거주자 중에서 후커우 소지자는 우리나라의 주민등록증과 같은 '신분증居民身份证'을 발급 받고, 후커우가 없는 사람은 외국인이 체류할 때처럼 임시거주증을 발급 받아야 하거든.

아직까지는 후커우 제도 개혁이 부분적이고 일부 지역에 국한되어 추진되고 있는 실정이지만, 이원화된 도·농 후커우 제도가 폐지되고 전 중국인의 단일 후커우 제도가 실시될 날이 곧 오겠지.

중국을 알자 10

만만디,
만만하게 봐선 곤란해

중국사람들의 특질인 '만만디'라는 말, 한 번쯤은 들어봤지? '만만디慢慢地'는 중국어로 '천천히'라는 뜻인데, 중국사람들의 성격이나 행동이 느긋하고 급하지 않다는 것을 비유하는 말이야. 실제로 중국인의 일상적인 대화 속에는 '慢'자가 들어가는 말이 많아. "만만라이慢慢来:천천히 하세요.", "만저우慢走:조심해서 가세요.", "칭만용请慢用:천천히 드세요." 같은 말들이지.

반면 한국인은 중국인에 비해 행동이나 성격이 급하고 빨라서 중국어로 '빨리, 빨리'라는 말인 '콰이콰이快快'로 그들과 비교되곤 해. 재미있는 건 한국인들이 중국인들을 만났을 때, 아는 한국어를 하나 해보라 하면 "빨리, 빨리"를 말한다는 거야. "빨리, 빨리"라는 말 자체가 강한 뉘앙스를 풍기는 건지, 본인들이 느리다는 것을 아는 건지, 아니면 한국 사람들의 성질이 급하다는 것을 아는 건지 때론 궁금하더라고. 경우에 따라 다르겠지만, 예로부터 '만만디'와 '콰이콰이'는 두 나라의 일반적인 문화 특성을 대변해주는 단어로 인식되어 온 게 사실이야.

중국에 살아 봤거나 중국을 여행해본 사람이라면 이 만만디를 직접 겪어봤을 텐데. 10년도 훨씬 전인데, 베이징에 있을 때야. 따퉁大同으로 여행을 가려고 기차표를 사러 갔는데 주말이라 그런지 대기 줄이 꽤 길더라고. 거의 한 시간 가까이를 기다렸는데 갑자기 줄이 줄지를 않는 거야. 무슨 일인가 싶어서 창구 쪽을 살펴봤더니 전산 시스템에 문제가 생겼는지 발권이 중단된 상태였어. 그런데 창구 직원은 기다리는 사람들에게 어떤 이유나 해결책도 전하지 않고 그냥 멍하니 앉아 있는 거야. 누군가가 뭘 고치러 오는 것 같지도 않아 나는 속이 타더라고.

그런데 놀라운 건, 길게 줄을 서 있는 중국사람들 어느 누구도 항의는커녕 "언제 해결이 되느냐, 시간이 얼마나 걸릴 것 같으냐" 등의 질문 하나 없이 마냥 서서 기다리고 있었다는 거지. 아마 우리나라에서 그런 상황이 벌어졌다면 항의하고, 사과하고 난리가 났을 거야. 그때 처음 중국의 만만디를 경험했지.

중국에서는 사업을 하거나 어떤 협정을 맺을 때처럼 큰일은 물론이고, 서명을 하거나 미팅을 잡는 것 등 작은 일에도 시간이 오래 걸리는 경우가 많아. 그런데 중국인들이 정말 만만디인 경우는 사람을 검증할 때야. 서로에 대해 잘 모르는 상태에서 일을 서두르다 보면 일을 그르치게 되는 경우가 많고 자신이 책임을 져야 할 수도 있기 때문에, 저 사람을 얼마나 믿을 수 있는지, 사람 됨됨이는 어떤지, 형제와 같은 정을 나눌 수 있는지를 꼼꼼히 따져보고 점검하면서 많은 시간과 노력을 기울이지. 그래서 중국사람들 속은 알 수가 없다는 말이 나왔나? 한번 꽌시가 맺어지면 누구보다 친절하고 정이 많은 사람들인데 말이야.

하지만 중국인들이 무조건 만만디인 것은 아니야. 자신의 이익과 직접적인 연관이 있거나 남들보다 먼저 시작하지 않으면 경쟁에서 밀려날 것 같을 때 등 상황과 필요에 따라서는 그들도 엄청 부지런하고 민첩하게 움직여. 청년실업 문제를 해결하기 위한 창업 정책도 활발하고, IT·제조·게임·주식·우주 산업 등의 분야에서도 초고속 경제 성장을 발판으로 세계 시장을 향하여 발 빠르게 움직이고 있지.

만만디를 단어 그대로 해석하면 행동이 느리다는 것인데, 우리나라 사람들이 중국인들에게 만만디라고 하는 것은, 그들의 성격이나 삶이 느긋하고 여유롭다는 좋은 뜻보다 느려터지다, 게으르다, 답답하다, 속이 타다 등의 부정적인 의미를 내포하는 경우가 더 많은 것 같아. 만만디를 행동의 속도가 아니라 중국인 특유의 정서적인 여유로움과 신중함으로 생각하면 만만디를 조금 더 잘 이해할 수 있을 것 같아. 그것 또한 중국인들 나름의 인생철학이고 자신의 행복을 추구하는 또 다른 방법일 수 있거든.

중국에서 자주 사용하는 말 중에 "부파만, 즈파짠不怕慢, 只怕站"이라는 게 있어. '느린 것이 두려운 것이 아니라 멈추는 포기하는 것이 두려운 것이다.'라는 뜻인데, 요즘 같이 바쁘고 여유 없이 사는 현대사회에서 이 말을 한 번쯤은 꼭 되뇌어 봤으면 좋겠어. 느림의 미학이라는 말도 있잖아.

중국을 알자 11

김치도 한복도
중국 거라고?

 일본이 독도를 자기네 땅이라고 우기는 역사 왜곡도 골치 아픈데, 이제는 중국까지 우리나라의 김치와 한복 등을 자기들 것이라고 우기는 이유는 대체 무엇일까?

 우선 현재 중국 청년들이 왜 극단적 애국주의자가 되었는지 살펴볼 필요가 있어. 이 세대들은 중국의 사회주의 시장 경제와 함께 성장했어. 즉, 비약적인 경제 발전 시기에 태어나 자랐다는 거지. 2003년 중국 최초의 유인 우주선 발사 성공에 이어 2008년 베이징 하계올림픽, 2010년 상하이 엑스포, 2022년 베이징 동계올림픽 등을 비롯한 다양한 국제 이벤트를 개최하면서 중국 청년들은 중국에 대한 애국심과 자부심을 동시에 형성하게 됐어. 또 하나의 이유는 이들이 1989년 '톈안먼天安門 사건'이라고 부르는 민주화 시위가 진압된 이후에 성장했다는 거야. 중국 정부가 민주화를 요구한 학생과 시민들을 무력으로 진압하면서 중국 공산당이 위기에 빠지게 돼. 중국 인민들에게 '사회주의 실현'이라는 구호가 더는 먹히지 않게 된 거지. 그래서 등장한 것이 '애국주의'야. 중국 정부는 1990년 이후 학생들에게 애국주의 교육을 강화했어. 19세기 세계열강의 침략으로 인한 굴욕을 잊지 않도록 기념관과 박물관의 견학 프로그램을 통해 치욕을 딛고 세계 강국으로 도약하자는 중화사상을 주입한 거야. 중국 청년들은 이런 교육을 받으면서 극단적 애국주의가 훨씬 더 강해졌어.

그런데 자기 나라를 사랑하고 자국의 올바른 역사 교육이 필요한 건 맞지만 왜 한국 문화를 자기들 것이라고 하는지 이해가 안 되지? 요즘 한·중 문화 갈등의 중심에 선 중국 유튜버들이 있는데 그중에 '리쯔치李子柒'라는 사람이 있어. 그

녀는 중국 전통문화와 농촌의 일상을 소개하는 인터넷 동영상 채널을 운영했는데 1,650만 명이 넘는 구독자를 보유하고 있을 만큼 큰 인기를 얻었지. 그런데 2021년 1월에 김치가 중국 것이라고 주장하는 것처럼 보이는 황당한 영상으로 조회 수가 1,400만 뷰를 돌파했어. 하지만 본인이 학업에 열중하겠다는 의사를 밝힌 후 새로운 영상을 업로드하지 않아 지금은 그냥 방치되어 있기는 해. 어쨌든, 자신이 중국을 얼마나 사랑하는지 애국주의도 보여주고, 돈도 버는 거지. 이렇게 중국은 극단적 애국주의 콘텐츠가 돈이 되기도 하는 사회야.

그렇다면 중국인들이 한국의 김치와 한복이 중국에서 기원했다고 주장하는 이유와 근거는 무엇일까? 먼저 김치부터 살펴보면, 한국 김치가 중국의 파오차이에서 유래했다는 거야. 예전에는 김치를 한자어로 '침채沈菜'라고 했대. 침채가 우리말로 '딤채'가 되고, 딤채가 '김치'로 변화한 거야. '침채'라는 말은 '소금에 절어 가라앉은 채소'라는 뜻이고, 중국의 '파오차이泡菜'는 '절인 채소'라는 뜻이야. 글자 뜻만을 보면 비슷한 것 같지만 김치와 파오차이에는 아주 다른, 결정적인 차이가 있어. '김치'는 절인 배추에 갖은 양념을 넣고 버무리는 '발효식품'이고, '파오차이'는 소금물에 각종 채소를 넣은 '절임 식품'이라는 거야. 그래서 파오차이의 비주얼은 피클 쪽에 가까워. 재료부터 만드는 방법, 모양까지 완전히 다르지.

2020년 11월, 중국의 파오차이가 국제표준화기구ISO의 인증을 받은 후에 중국 공산당의 기관지 런민르빠오人民日報의 자매지인 환치우스바오环球时报가 "김치 종주국 한국의 굴욕"이라는 머리기사 아래 중국 김치가 국제 김치 시장의 기준이 됐다는 내용을 보도하자 중국의 극단적 네티즌들이 김치는 중국이 원조라고 주장하기 시작했어. 하지만 중국의 주장과는 달리, 파오차이를 등재한 ISO 서류에도 "이 문서는 김치에 적용되지 않는다.This document does not apply to kimchi."라고 명시되어 있지. 이미 2001년에 국제식품규격위원회CODEX가 한국 김치를 '국제식품규격'으로 인정하면서 우리나라 김치는 국제적으로 인증을 받았고 세계인의 건강식품으로 자리 잡아가고 있어. 참, CODEX가 뭐냐고? CODEX는 세계보건기구WHO와 유엔 산하 국제식량농업기구FAO가 공동으로 운영하는, 민간 기구인 ISO보다 더 엄격한 기준과 공신력이 있는 기관이야.

여기에서 주목할 것은 김치의 중국어 표기야. 1990년대에는 김치를 주로 '라바이차이辣白菜'라고 불렀어. 글자 그대로 '매운 배추'라는 뜻을 중국식으로 부른 거지. 그리고 2000년대에 들어서는 김치에 대한 마땅한 중국어 표기가 없어 관용적으로 김치를 '파오차이'라고 번역해왔어. 사실 우리나라의 김치는 중국의 파오차이와 전혀 다른 음식이잖아. 그런데 김치를 파오차이로 표기하니 한국의 김치와 중국의 파오차이를 혼동할 수도 있었지. 게다가 김치에 대한 특별한 국민 정서 등을 고려해 김치를 중국어로 어떻게 표기하는 것이 적절한지 고민하게 되었어. 그래서 2021년에 우리나라 문화체육부는 김치의 중국어 표기를 '신치辛奇'로 명시했어. 중국어에는 '김' 소리를 나타내는 글자가 없어서 김치를 소리 나는 대로 표기할 수 없거든. 그래서 김치와 발음이 유사하기도 하고, '맵고 신기하다'라는 의미를 나타내는 신치를 김치의 중국어 번역 표기로 채택했다고 해. 하지만 김치를 신치로 번역하는 것에 대한 반대 여론도 만만치 않아.

김치의 종주국 논란이 있기 훨씬 전부터 중국인들은 한국

한국의 김치와 중국의 파오차이

의 김치를 중국어로 번역할 때 파오차이라고는 하되 한국의 김치가 자신들의 파오차이와 다른 점을 분명하게 드러내기 위해 '한궈韩国 파오차이'라고 했어. 그건 한국의 김치가 중국의 파오차이와 분명히 다르다는 걸 중국인들도 잘 알고 있다는 뜻이지.

이번에는 중국인들이 한국의 한복韩服이 중국의 한푸汉服에서 유래했다고 주장하는 이유를 살펴볼까? 중국의 한푸는 저고리와 치마의 경계가 모호하고 끈으로 동여매 고정하는 형식이야. 반면 한복은 저고리와 치마의 경계가 뚜렷하고 각각 고름을 여며 착용하는 형식이기 때문에 한복과 한푸는 분명히 달라. 그런데 중국의 전통 의상 하면 뭐가 떠올라? 맞아, 바로 치파오야. '치파오旗袍'는 중국 청나라 때 형성된 전통 의상인데 서양의 영향을 받아 다양한 옷감과 디자인으로 변형되었어. 그런데 이 치파오가 1990년대 후반부터 중국의 젊은이들로부터 외면받기 시작했어. 왜냐하면, 치파오가 청淸나라를 세운 만주족의 의상이었기 때문이야. 중국인들이 생각하는 중국의 뿌리는 한汉나라이거든. 진秦나라에 이은 중국의 두 번째 통일 왕조인 한나라가 중국 문화의 기틀을 세운 한족汉族의 나라이기 때문이지. 사실 '한푸'라는 말은 2000년대 초반에 등장한 말로, 애매한 범위와 모호성 때문에 학술적인 논의를 거치치 않고 탄생한 신조어래. 이 한푸라는 말을 자주 쓰는 사람들은 중국의 젊은 층을 중심으로 한 한푸 부흥운동 세력이야. 우리나라 청년들이 주로 궁궐이나 관광지에서 기념으로 한복을 착용하는 데 비해 중국 청년들이 한푸를 입는 건 애국주의의 표출 방식인 셈이지. 그래서 한족의 전통 의상인 한푸를 내세워 한복이 한푸의 짝퉁이라고 과격한 주장을 하는 거야.

그럼 위와 같이 주장하는 중국인들의 속마음은 무엇일까? 최근 전 세계적으로 한류韩流가 유행하고 있잖아? 사실 중국인들이 한류를 바라보는 시각은 상반되어 있어. 좋아하고 즐기는 부류도 있지만, 초조함을 느끼는 부류도 있지. 그런데 아이러니하게도 중국의 극단적 애국주의를 표방하는 사람 중에는 원래 한류 팬이었던 사람도 많아. 팬이 돌아서면 안티보다 무서운 법이지.

과거 동아시아 문화의 대표는 중국이었어. 그런데 최근에는 K팝, K푸드, K무비 등 한류가 동아시아 문화의 대표로 자리매김하면서 중국인들이 위기의식을 느끼기 시작한 거지. 한류의 확산 이후 달라진 한국을 바라보는 중국의 시각에는 이러한 질투와 초조함, 위기감 등 복잡한 감정이 뒤섞여 있어.

그럼 우리는 중국에 어떻게 대응해야 할까? 최근에 우리나라 사회에서 반중, 혐중 감정이 굉장히 높아지고 있어. 하지만 혐오의 감정은 상호 작용하기 마련이야. 혐오는 혐오를 부를 뿐이지. 싫다고 외면하는 배척의 자세보다는 우리 문화가 가진 힘을 믿고 창조적인 생명력을 더욱 발전시켜 나가는 데 집중해야 하지 않을까? 모든 문화는 서로 주고받으며 발전하는 것이기 때문에 기원 논쟁이 중요한 게 아니라 기존의 것을 새롭게 창조하는 능력이 훨씬 더 중요한 거야. 한국 문화의 힘은 개방적인 태도로 다양한 문화를 받아들여 한국식으로 발전시키는 능력에 있다고 생각해. 이런 문화의 힘 때문에 전 세계가 한류에 반하고 한류를 사랑하는 것 아니겠어? 그러니까 우리는 기원 논쟁에 휩싸이지 말고 좀 더 개방적인 자세로 한국인의 창조 능력을 발휘해서 남들이 따라올 수 없는 한국 문화를 만들고, 지금처럼 독창적인 한국 문화를 확장해 나가려는 노력이 중요하다고 생각해.

한국의 한복과 중국의 한푸

중국을 알자　12

샤브샤브의 국적은?

아, 배고프다. 우리 샤브샤브 먹으러 갈까? 아 참, 샤브샤브가 무슨 뜻인지는 아니? '샤브샤브しゃぶしゃぶ'란 일본어로 '살짝살짝', '찰랑찰랑'이란 뜻이래. 우리가 잘 아는 것처럼 끓는 육수에 얇게 썬 고기와 채소·해산물 등 갖가지 재료를 넣어 살짝 익힌 후 건져 먹는 일본 요리지. 그런데 이 샤브샤브가 먼 옛날 중국의 원나라 요리에서 기원했다는 설이 있어. 한번 들어볼래?

칭기즈칸이 몽골군을 이끌고 세계를 정복하던 때야. 기마

부대였잖아. 기민성이 무엇보다 우선되는. 그러니 밥그릇·국그릇 따로 챙겨 다닐 수 있었겠어? 어디에서든 쉽게 다용도로 쓸 도구가 필요했겠지. 그게 바로 군인들이 머리에 쓰던 투구야. 그 투구에 물을 끓여 진군 중 사냥한 동물을 즉석에서 익혀 먹었다는 거지.

또 다른 설은, 중국 베이징 요리 중에 '솬양러우涮羊肉'라는 양고기 샤브샤브가 있는데, 이 솬양러우로부터 유래해 오늘에 이르렀다는 이야기야. 여기엔 재미있는 일화도 있어. 원나라의 세조 쿠빌라이가 군대를 이끌고 반란 세력들을 진압하기 위해 남쪽으로 행군을 하던 중이었대. 배가 몹시 고

한 상 푸짐하게 차려진 솬양러우 요리

팠는데 고향에서 즐겨 먹던 양고기 요리인 '칭둔양러우淸炖 羊肉'가 생각났다는 거야. 그래서 주방장에게 양고기 요리를 해오라고 명령했는데, 하필 그때 기마 정찰병이 뛰어 들어와 적군이 가까이 오고 있다고 보고를 한 거야. 배고픔을 참을 수 없던 쿠빌라이는 부대에 출동을 명령하는 한편 빨리 요리를 해오라고 고함을 쳤대.

쿠빌라이가 성질이 급하고 난폭하다는 것을 알고 있던 주방장은, 평소에도 양고기의 조리시간이 오래 걸려 고심을 했었나봐. 그런데 그런 다급한 상황에서 퍼뜩 좋은 생각이 떠오른 거야. 양고기를 얇게 썰어 끓는 물에 몇 번 담가 익힌 후 접시에 건져서 소금을 뿌려 바친 거지. 쿠빌라이는 그 양고기 요리를 연거푸 몇 접시 먹은 후 반란 세력을 진압, 승리하고 돌아왔고. 전쟁 후 쿠빌라이는 고생한 군사들을 모두 모아 성대한 잔치를 열었는데, 주방장에게 전쟁터에서 먹었던 양고기 요리를 특별히 주문했대.

다급한 상황이 준 쫄깃한 긴장감 때문이었을까? 맛있었다고 기억한 거지. 주방장은 양의 연한 살을 골라 얇게 썰고 각종 채소를 곁들여 내왔고, 장수들 또한 맛있다며 칭찬이 끊

이질 않은 거야. 주방장이 쿠빌라이에게 아직 이 요리의 이름이 없으니 이름을 하사해달라고 하자, 쿠빌라이는 웃으며 "솬양러우涮羊肉"라고 대답했고, 솬양러우는 이때부터 궁중요리가 되었지.

18세기 청淸나라 강희康熙·건륭乾隆 두 황제가 성대한 규모의 천수연千叟宴:만한전석이라고도 불리며 만주족과 한족이 화합하는 자리로서 만주족과 한족의 최고 요리들을 선보인 잔치을 열었을 때에도 그 진귀한 산해진미 중에 솬양러우가 있었다고 해. 이렇게 당시 솬양러우는 궁중요리였기 때문에 백성들은 쉽게 먹을 수가 없었어. 그러던 중 광서光绪 황제 때 베이징의 한 양고기 음식점 주인이 환관을 매수해 궁에서 솬양러우의 조리 비법을 훔쳐 나와 만들어 팔기 시작하면서 민간에까지 알려지게 되었어. 그 후 다양한 버전으로 변화 발전되면서 쉽게 먹을 수 있는 요리가 된 거야.

베이징에 유명하고 맛있는 솬양러우 전문점이 많으니까 베이징에 가게 되면 꼭 한 번 먹어봐. 국물이 부드럽고 담백할 뿐 아니라 고기를 찍어 먹는 소스도 다양해서 아마 솬양러우의 매력에 흠뻑 빠지게 될 걸? 따뜻한 국물이 있고 양고기 또한 따뜻한 성질이라 겨울에 먹으면 특히 좋아. 중국 쓰촨 요리 중에 우리나라에도 많이 알려진 '훠궈火鍋' 있잖아, 그게 바로 베이징 솬양러우의 쓰촨 버전인 셈이야. 청대의 건륭 황제는 강남江南 지방을 유람할 때마다 특별히 훠궈를 준비하라는 명령을 내릴 만큼 소문난 훠궈 광으로 알려져 있어. 그 맛에 한번 중독되면 헤어날 수 없다니까.

중국에서 건너온 이 요리에 '샤브샤브'라는 명칭이 붙은 것은 1952년 경 오사카의 '스에히로スエヒロ'라는 식당에서부터래. 당시 이 식당의 종업원이 큰 양동이에 물수건을 헹구고 있었는데, 물수건을 헹굴 때 나는 "샤브샤브しゃぶしゃぶ"라는 소리가 국물에 고기를 적시는 소리와 닮아 '샤브샤브'라고 이름 붙였대.

중일전쟁 등을 거치면서 일본인이 알게 된 베이징식 솬양러우의 양고기가 일본인들에게 친숙한 소고기로 바뀌는 등 여러 가지로 변형되었고. 샤브샤브는 고기나 채소 같은 다양한 재료를 뜨거운 국물에 담가 익힌 후 건져 소스에 찍어 먹는 요리 방법이 간단할 뿐 아니라, 맛도 고급스러워 대중적으로 널리 퍼져 나갔지. 지금은 우리나라에서도 많이 먹는 음식이고. 물수건 헹구는 소리와 고기 적시는 소리의 융합이라니, 우리도 기발한 이름 짓기에 한번 도전해 볼까?

중국을 알자　13

훠궈, 참 끌리네!

윤계상, 마동석 주연의 한국영화 〈범죄도시〉 알지? 그 영화에서 경찰 아저씨들이 회식으로 자주 먹던 음식 기억나? 그래. 여럿이서 큰 냄비에 고기 넣어 먹던 그것. 우리나라에서 말하는 샤브샤브와 비슷한 음식. 바로 중국의 대표 음식 '훠궈火鍋'야. 한자로 보면 '불 냄비'라는 뜻이니까 뭔가 따끈따끈하고 매울 것 같은 느낌이 나지 않아? 맞아. 엄청 매워. 샤브샤브와 닮았지만 육수가 굉장히 시뻘겋지. 기상천외한 재료들을 많이 사용한다는 것도 다르고. 일단 사진부터 볼래?

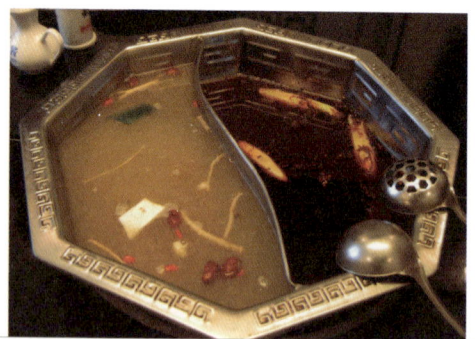

훠궈(火锅)

훠궈(火锅) 음식점의 메뉴판

샤브샤브 하면 우리는 뽀얀 육수에 야채와 고기를 담가 먹다 국수도 넣어 먹고 나중에는 죽도 만들어 먹는, 고급스런 요리를 생각할 거야. 하지만 중국의 훠궈는 보는 것만으로도 뭔가 전투적으로 느껴지는 비주얼이지. 색깔이 빨갛다 못해 시꺼멓게까지 보이는 저 국물의 정체는 과연 뭘까? 저렇게 매운 국물을 중국에서는 마라탕麻辣湯이라고 해. 마라는 입이 마비麻 될 정도로 맵다辣는 뜻이야. 국물湯은 소기름, 닭고기 가루, 산초, 생강, 엄청 매운 고추 등을 넣어 만드는데, 독특한 매운맛을 내지.

매운맛에 약한 사람들은 어떻게 할까? 다행히 매운 걸 전혀 못 먹는 사람들을 위한 뽀얀 국물도 있어. 그건 우리나라의 사골국과 같은 느낌을 줘서 외국인들도 쉽게 도전할 수 있지. 요즘은 취향 따라 사진처럼 반반씩 내주기도 해. '웬양궈鴛鴦鍋', 우리말로 해석하자면 원앙 냄비라고 불리는 용기에 내주는데, 사이좋게 나눠 먹으라는 얘기겠지?

그럼, 저 국물에 무엇을 넣어 먹는지 궁금하지 않아? 영화를 본 사람들은 기억할지 모르겠지만 깨알 같은 대사가 한마디 있었는데. 왜 한 형사가 엄청 스피디하게 고기를 집어 먹으니까 그러잖아. 안 익었는데 막 먹는다고. 그랬더니 주인공 형사가 이런 말을 하지. "그거 양고기야!"라고. 바로 이게 한국 샤브샤브와 중국 훠궈의 가장 큰 차이점일 거야. 우리나라는 주로 소고기를 먹지. 중국인들은 소고기만큼이나 양고기를 많이 넣어 먹거든. 양고기뿐인가? 소의 혀·내장부터 돼지고기까지 안 넣어 먹는 게 없어. 유명한 훠궈 가게의 메뉴판 98쪽을 한번 볼래?

아마 중국 훠궈 식당에 가서 음식을 시키려면 너무 많은 메뉴 때문에 '결정장애'가 올지도 몰라. 게다가 중국어를 못한다면 정말 메뉴판만 뚫어져라 보면서 당황하겠지? 가장 처음에 골라야 하는 게 바로 앞에서 소개한 탕. 마라탕麻辣汤으로 할 건지, 바이탕白汤으로 할 건지 아니면 반반 원앙 냄비으로 할 건지부터 말해야 하거든. 우리나라는 "2인분이요." 하면 그냥 대충 알아서 가져다 주잖아? 하지만 중국 훠궈 식당은 처음부터 이렇게 모든 메뉴를 하나씩 시켜야 해. 육수로 시작해서 고기·채소 종류까지 말이지. 조금은 번거롭지만 자신이 원하는 대로 먹을 수 있다는 장점도 있어. 그래서 훠궈 집에 가면 접시가 온 테이블에 가득 차게 되지.

가격은 고기류가 한 접시에 4,000~7,000원, 채소류가 한 접시에 1,000~2,000원 정도니까 다양한 재료의 훠궈를 체험하려면 여럿이서 가는 게 좋아.

그럼, 이렇게 탕에 넣은 재료들은 어디에 찍어 먹지? 한국이라면 소스 종류가 많아야 서너 개 있을 거야. 중국은 어떨까? 무려 스무 가지쯤 된대. 개인의 취향을 지나치게 존중하는 걸까? 소스별로 즐기기도 하지만, 적당히 배합해서 개개인이 좋아하는 소스를 만들어 먹을 수도 있지. 외국인들은 무난한 참기름이나 마늘·땅콩 소스를 많이 먹는대.

그렇다면 훠궈는 중국의 어느 지방에서 가장 많이 먹을까? 바로 매운 음식으로 우리나라에도 잘 알려진 쓰촨四川 지역

온 테이블을 가득 채운 훠궈(火鍋) 요리

이야. 쓰촨 지방은 지역적으로 중국의 한가운데에 위치한 내륙지방이라 섭씨 40도에 육박하는 더운 여름으로 유명하지. 덥고 습한 지방이라 매운 음식으로 땀을 내어 더위를 식히는 이열치열의 비법을 썼던 거고. 쓰촨성 바로 옆에는 중국의 4대 도시 중 하나인 충칭重庆이 있는데, 충칭 훠궈와 청두쓰촨성의 성도 훠궈가 중국 훠궈의 양대 산맥이라 불려. 뭐 외국인인 우리에게는 그 놈이 그 놈인 매운맛인데 중국인들에게는 두 훠궈의 미묘한 맛 차이가 매력적으로 다가온다네?

충칭 훠궈를 먹을 때 꼭 넣어먹어야 하는 열 가지 식재료를 소개해줄 테니 기회가 된다면 시도해 봐. 이참에 명칭도 좀 알아두고.

1	마오뚜(毛肚)	천엽
2	야창(鸭肠)	오리 창자
3	페이뉴(肥牛)	차돌박이
4	넌뉴러우(嫩牛肉)	연한 소고기
5	황허우(黄喉)	소나 돼지의 혈관
6	라오러우펜(老肉片)	얼린 돼지고기
7	투더우(土豆)	감자
8	더우피(豆皮)	두부피
9	셴자쑤러우(現炸酥肉)	돼지고기 튀김
10	쥔화(郡花)	오리 위(모래집)

중국 훠궈 전문점에서 먹는 훠궈 맛을 한국인들이 한번 맛보면 절대 잊지 못한대. 그래서인지 최근에는 한국에서도 훠궈 전문점이나 마라탕, 마라샹궈 전문식당이 큰 인기를 끌고 있어. 참고로 마라탕은 마라육수에 고기와 야채 등의 식재료를 넣어 끓인 탕이고, 마라샹궈는 마라소스에 원하는 식재료를 넣어 볶은 요리야. 한 번도 안 먹어 본 사람은 있어도 한 번만 먹는 사람은 없다는 마라맛! 독특한 매운맛에 중독되는 걸까? 혀가 마비되는 것 같고 온 몸이 후끈후끈해지는 신기한 경험은 좋지만, 뭐든 중독은 싫다 싫어.

오리 창자

차돌박이

중국을 알자 14

친절의 자막?
필요의 자막?

중국은 땅이 넓어 각 지방마다 서로 다른 방언을 사용하는데, 지역별로 크게 7대 방언으로 분류해. 표준어에 가장 가까운 베이징 중심의 북방 방언, 장강양쯔강 하류 지역의 오 방언, 장강 중류 지역의 상 방언, 중남부 내륙지역의 감 방언, 광둥성 동부지역의 객가 방언, 푸젠성 지역의 민 방언, 광동어라 불리는 월 방언이야. 근데 이 방언이 우리나라 사투리 개념과는 차원이 달라. 우리는 제주도의 몇몇 어휘 빼고는 다른 방언을 사용해도 의사소통하는 데 크게 문제없잖아.

그런데 중국사람들은 다른 방언을 사용하는 사람들끼리 소통하는 데 큰 어려움이 있어. 중국 TV를 본 사람이라면 영화 자막처럼 모든 화면 아래에 중국어 자막이 달린 것을 보았을 거야. 드라마든지 뉴스든지 표준어인 푸통화로 무조건 자막이 나와. 중국 56개 전체 민족이 모두 명확하게 TV 내용을 이해하려면 자막이 필요할 거야.

중국 TV를 시청하다 보면 자막 외에도 독특하고 재미있는 걸 발견하게 되는데, 바로 더빙이야. 외국 영화뿐 아니라 표준어를 잘 구사하지 못하는 배우들이 중국 드라마를 찍을 경우에도 더빙 처리해서 방영하거든. 예를 들어 홍콩 배우가 연기할 경우 표준어로 더빙 처리를 많이 하고, 한류 스타가 출연할 경우에도 더빙 처리를 하지.

한류 드라마 열풍이 불고 있어서 한국 드라마도 중국 TV에서 많이 볼 수 있는데, 한국 배우 목소리 대신에 더빙된 중국인 목소리를 들으면 좀 우스꽝스러울 때도 있어. 우리에게 익숙한 목소리가 아니라서 더 그렇게 느껴지는 건지도 몰라. 배우 본인 목소리가 아니기 때문에 드라마 몰입도가 떨어진다고 얘기하는 사람들도 간혹 있어. 반면 정확한 표준어가

들리니 의사전달이 확실해서 좋다는 사람들도 있고. 어쨌든 표준어로 더빙이 되더라도 자막은 화면 아래에 꼭 나온다는 사실.

중국의 모든 방송에는 시청자 연령 제한이 없어. 우리나라 방송은 연령 제한을 명확하게 표시하는 영상물 등급 제도를 적용받지만 중국 방송은 그렇지 않아. 사실 선정적이고 자극적인 장면 때문에 등급 제도가 필요한 거잖아. 중국 방송사에서는 사전에 철저히 심의를 거쳐 부적절한 장면은 편집하고 삭제해. 특히 외국 드라마 내용이 중국 실정에 맞지 않다고 판단되면 가차 없이 편집해 버려.

외국 드라마나 영화가 중국의 심의를 통과하려면 전 회를 다 제작해서 중국 당국의 검열을 통과해야만 방영이 가능해. 이런 중국의 TV 방영 환경은 중국 시장을 중시하는 한국 드라마 제작자들에게도 많은 영향을 미치게 되지. 이전에는 한국 드라마는 제작과 방송을 동시에 했던 것이 관례였거든. 방영하면서 시청자들의 반응을 보고 후속 시나리오를 수정하거나 조기 종영하기도 했어. 하지만 최근 한국 드라마 제작 시장은 중국 TV 시장을 겨냥하여 사전 제작이 유행하고 있어. 우리나라 배우들이 한류 드라마로 중국 대륙에서 엄청난 인기몰이를 하고 있잖아.

반대로 여러분은 혹시 좋아하는 중국 드라마 있어? 미국 드라마처럼 마니아층을 형성할 정도로 인기 많은 중국 드라마도 많은데 말이야. 중국 드라마는 현대극보다 역사적 배경을 갖춘 무협 드라마가 많은 편이야. 뭐든지 크고 많은 대륙 스케일을 엿볼 수 있는 작품이 많고, 화려하면서 섬세한 복식 고증으로 볼거리도 풍부하지. 최근에는 사극 드라마를 전체 방송 편수의 15%로 제한하는 제도를 시행하고 있어서 예전에 비해 무협 드라마 방영이 현저하게 줄었어. 그 대신 현대극의 방영 비중이 높아지고 있는데, 드라마의 질도 점차 좋아지고 있어. 현대극 장르로는 로맨스·서스펜스·시트콤코미디이 주류를 이루고 있지.

중국 드라마에서는 역사와 혁명·무협·가족 등과 같은 소재가 인기 있어. 특히 사회주의 혁명을 겪은 현대사 이야기가 드라마에 자주 등장해. 그래서 현대 중국의 역사를 잘 모르는 외국인 입장에서는 이런 드라마를 보기가 어렵고 지루할 거야. 하지만 중드도 따뜻한 가족애를 많이 그려내고 있어. 아마도 유교적 정서가 남아 있어서 그럴 거야. 그래서인가? 중국사람들이 한국 드라마를 보고 공감하며 빠져드는 것이?

그렇긴 하지만, 뭐니 뭐니 해도 드라마의 꽃은 로맨스 아니겠어? 여심을 훔칠 수 있는 달달한 사랑 이야기가 인기 드라마의 단골 소재일 텐데, 중국도 마찬가지야. 다만, 중국 드라마의 이야기 플롯은 전래동화나 이솝우화처럼 간단해. 착한 사람은 상을 받고 나쁜 사람들은 벌은 받는 권선징악과, 해피엔딩으로 마무리되는 경우가 대부분이거든. 어때? 갑자기 중국 드라마가 보고 싶어지지? 재미있는 중국 드라마 한 편 보면서 중국어 공부에 빠져보는 건 어떨까?

중국을 알자 15

표정 연기 + 목소리 연기
= 완벽 배우

중국 드라마를 시청해 본 사람은 알겠지만 한국 드라마와 다르게 뭔가 음향에서 살짝 이질감이 느껴지지 않아? 한국 드라마의 경우 아무리 조용한 공간에서의 대화 장면이라도 미세한 잡음이 있는데, 중국 드라마엔 그런 소리가 없거든. 바람소리나 주변 소리가 전혀 들어 있지 않고 순수하게 사람 목소리만 들리잖아. 왜 그런지 알아? 중국 드라마는 대부분 더빙을 해서 그래.

중국어로는 더빙을 '페이인配音'이라고 해. 그러면 중국은 왜 자국 드라마에도 더빙을 할까? 첫 번째는 중국이 지역별로 다 다른 사투리를 쓰고, 그 사투리가 표준어와 많이 달라서야. 배우들은 각각 다른 지방으로부터 모이고. 지역별 사투리가 심하다 해도 같은 중국인인데 말은 통하겠지 생각한다면 오산이야. 중국은 아예 대화를 하지 못할 정도로 다른 말을 쓰는 지역도 많거든. 외국어 수준이지. 표준어와 대표적으로 다른 말을 쓰는 지역이 광둥 지역인데, 광둥성은 심지어 글자도 달라.

중국 대륙에서 방영될 드라마에 아주 멋진 배우를 캐스팅했는데 이 사람이 광둥 출신이라고 생각해봐. 게다가 상대 배우가 베이징 사람이라면? 둘이서 아예 대화가 안 되겠지. 뭐 열심히 연습해서 광둥성 배우가 표준어를 할 줄 안다고 치자. 하지만 미묘한 말투나 억양이 완벽한 표준어는 아니란 거지. 한편 베이징 사람이라고 다 표준어를 구사할까? 아니. 중국 표준어는 베이징어를 기본으로 삼고는 있지만 베이징 지역에도 베이징 사투리가 존재해. 만약 그 배우가 베이징 사투리를 쓰는 사람이면 그대로는 방송에 내보낼 수 없어. 중국은 모든 방송에서 표준어로 송출하는 걸 기본으로 하고 있거든. 그래서 자막도 내보내는 거고.

 이런 점에서 중국 배우들은 연기할 때 대사나 발음에 신경 쓰지 않아도 된다는 장점도 있어. 또 중국이 더빙을 기본으로 하기 때문에 우리나라나 외국의 많은 배우들이 중국 드라마나 영화 시장에 진출하기 쉬운 점도 있고. 최근에 중국에서 드라마를 찍은 최시원이나 윤아 같은 배우들이 중국어를 잘해서 드라마를 찍은 게 아니란 말이지. 게다가 더빙 기술이 워낙 발달해 있어서 티가 잘 안 나게 마무리하는 것 같아. 한국어로 대사를 하지만 입 모양을 유심히 보지 않으면 거의 모를 정도로 대사의 처음과 끝을 맞춰 놓더라고.

 두 번째로는 동시녹음이 후시녹음더빙보다 훨씬 비싸고 힘든 작업이기 때문이야. 우리나라에서 드라마를 찍을 때 보면, 배우들 위로 털북숭이 같은 것 들고 있는 사람 본 적 있지? 엄청 무겁다던데, 그게 동시녹음 할 때 사람 목소리를 담는 마이크래. 그렇게 담은 목소리를 따로 따서 영상에 입힌다고 하더군. 그런데 이게 상당한 기술력을 필요로 한다는 거야. 중국은 아직 그러한 드라마 제작 환경이 아닌 거고.

 중국은 세트장에서 드라마를 촬영할 때, 세트장의 공간을 나누어 여러 드라마를 동시에 찍는 경우가 많아. 그런데 거기에서 음성을 따게 되면 주변의 다른 드라마 소리가 고스란히 들어가 버리게 된대. 외부에서 찍을 때는 가뜩이나 정신없는 중국 길거리에서 주변에 몰려드는 사람들 소리를 일일이 차단하는 것이 거의 불가능에 가까워 녹음하기가 어렵다고 하고.

드라마 촬영할 때 보니 잡음 때문에 NG가 나는 경우들이 많더라고. 그럴 때마다 제작 시간은 더 길어지게 되니 감독 입장에서는 소리와 화면 둘 다에 신경 쓰는 것보다 화면에만 집중하는 게 편하지 않겠어? 대사가 틀리건 말건, 주변에서 노랫소리가 나건 말건 원하는 영상만 찍으면 바로 다음으로 넘어갈 수 있으니까. 게다가 중국 드라마는 기본이 50부작 정도는 되거든.

세 번째 이유는 배우들의 문제가 있어. 어떤 배우는 풍기는 외모가 묵직한 목소리에 어울리는데 가는 목소리를 내고, 또 어떤 배우는 가녀린 외모인데 목소리가 굵고 거칠다고 생각해봐. 물론 그것도 그 사람만의 장점이고 매력이겠지만 문제는 배역이라는 거지. 장군 연기를 하고 있는데 얇고 째지는 목소리라면? 이건 안 어울리잖아. 드라마의 완성도를 위해서 오히려 다른 사람이 더빙을 해주는 것이 나을 수도 있겠지. 한편, 사람마다 성량이 달라서 다 같이 동시녹음을 해버리면 음색과 음량이 달라서 쓸 수 없대.

그리고 배우들이 수많은 대사를 다 외우는 게 그리 쉬운 일도 아니고. 중국 배우들은 현장에 와서야 대본을 보는 경우도 있대. 어차피 나중에 더빙할 거니까. 중국의 더빙은 보통 배우 본인이 하지 않고 전문 성우가 하는 경우가 많아. 최근에는 연기자 본인이 하는 경우도 늘고는 있는데, 유명 배우의 경우 출연료가 비싸 쉬운 일은 아니래. 어떤 면에선 표정 연기보다 목소리 연기가 더 어려운데, 표정 연기만 잘하면 되는 중국 배우들은 거저먹는 것 같지 않니? 이런 점에서 보면 한국의 배우들과 음향 관계자들은 정말 대단한 것 같아.

혹시 그 동안 중국 드라마를 보면서 "어쩜, 저 배우는 얼굴이면 얼굴, 목소리면 목소리, 하나도 빠진 게 없지?", "아, 진짜 저 배우는 얼굴도 목소리도 딱 내 스타일이야!"라고 했다면, 살짝 배신감 들라나?

중국을 알자 16

짱깨, 되놈, 짱꼴라의 유래와 매너 있는 사람

우스갯소리로 "세계의 강대국을 무시하는 나라는 한국밖에 없다."라는 말 들어본 적 있지? 미국인에게는 '양키', 일본인에게는 '쪽바리', 중국인에게는 '짱깨'라며 비하하는 말을 아무렇지 않게 하잖아. 웃자고 하는 이야기지만 이런 우스갯소리가 아직도 버젓이 통용되고 있다는 것은 우리나라의 이미지 제고나 국익을 위해서 그리 바람직하지 않아 보여. '짱깨'나 '되놈', '짱꼴라' 같은 막말을 듣고 좋아할 중국인이 어디 있겠니?

중국인들도 한국인을 비하하면서 '가오리방쯔高麗棒子, 청나라 시기에 조선에서 공물로 바쳐진 노역자를 부르던 말인데, 보통 사생아가 청나라에 바쳐지는 경우가 많았다고 해.'라고 하는데, 설령 무슨 말인지 못 알아들어도 왠지 기분이 묘하게 나쁜 건 있잖아. 느낌으로. 역지사지야. 입장 바꿔 생각해 보자고.

말이 나왔으니 이참에 '짱깨'나 '되놈', '짱꼴라'라는 말이 무슨 뜻인지 좀 알아보자. 욕설이나 비속어처럼 이 말들의 어원 역시 제대로 아는 사람은 별로 없는 것 같아. 우선 가장 자주 쓰는 '짱깨'에 대해서 이야기해 볼게. '짱깨'를 국립국어원 표준국어대사전에서 찾아보면 "명사. '짜장면'을 속되게 이르는 말"이라고 적혀 있어. 다시 말해서 '짱깨'는 원래 짜장면을 지칭하던 말이었는데, 짜장면에서 의미가 확장되어 중국과 중국인을 비하하는 말로 사용되고 있는 것이지.

그럼, 왜 짜장면이 '짱깨'가 되었을까? 중국어 단어 중에 '장꿰이掌柜'라는 말이 있어. 이 단어는 원래는 상점에서 돈을 넣어 두던 상자, 즉 카운터를 의미했는데 점차 그것을 관리하는 사람까지 지칭하게 되었고, 아직까지도 상점의 주인이란 뜻으로 사용되고 있어. 한국에도 중국인들이 많이 거주하잖아. 그 중국인들이 운영하는 상점 중 가장 많은 것이 중국 요리를 파는 식당이었고.

한국 사람들이 중국 요리 식당에 가서 보면 종업원들이 카운터를 보는 사장님에게 자꾸 '장꿰이'라고 부르는 거야. 중국어를 모르는 한국인들이 듣기엔 짜장면과 비슷한 발음이라 짜장면 주문을 넣나 보다 했겠지? 그래서 짜장면을 '짱깨'라고 불렀다가 그냥 중국이나 중국인을 막 부르고 싶을 때 '짱깨'라고 부르게 된 거지. '사장님'이란 말이 비하하는 말이 되다니 조금은 어처구니가 없지?

그 다음으로는 '되놈'이야. '되놈'이라는 말은 요즘에는 '짱깨'만큼 사용되지는 않는 것 같아. 하지만 우리 문학작품이나 속담에서는 중국인을 비하하는 용도로 자주 쓰이곤 했어. 예를 들면 "재주는 곰이 넘고 돈은 되놈이 챙긴다.", "되놈과 겸상을 하면 재수가 없다."와 같은 속담이나 "이 되놈, 죽에라. 이놈, 다 때렸니! 이놈아, 아이구 사람 죽이누나." 김동인, 〈감자〉, "살다 살다 못 살아서 쪽박 하나 차고 넘은 국경선 너머, 되놈 땅 만주벌판 황막한 천지에…" 최명희, 〈혼불〉 같은 문구를 보면 말이야.

그러면, '되놈'은 어떤 말에서 나온 걸까? 국립국어원 표준국어대사전에서 찾아보면 "명사. 1.예전에 만주 지방에 살던 여진족을 낮잡아 이르던 말. 2.중국사람을 낮잡아 이르는 말."이라고 되어 있어. 여진족을 오랑캐라고 비하하는 말인 것이지. 하지만 아쉽게도 아직까지 확실한 어원에 대해서 알려진 바가 없어. 그렇지만 몇 가지 주장을 살펴보면 다음과 같아.

우선, '되'는 '뒤'에서 온 말이라는 주장인데, 옛날에 '뒤'라는 단어는 북北과 같은 의미로 쓰여서 북쪽에서 오랑캐들이 자꾸 쳐들어 와서 '뒤놈'이라고 불렸다는 거야. 그리고 앞뒤의 구별을 할 때도 '뒤'는 낙후되거나 뒤처진 느낌이 있어서 좋지 않은 의미로 쓰인 것 같고. 다음은 오랑캐를 나타내는 한자인 '적狄'에서 왔다는 주장이야. 적狄의 옛날 발음은 ㅈ보다는 ㄷ에 가까웠기 때문에 '되'로 변했다고 해.

그 밖에도 잘 씻지 않아 때가 많다고 '때놈', 인구가 많아 떼로 몰려다닌다고 '떼놈', 대국 사람인 중국인을 대인이라고 부르던 시절에 비하하는 의미로 '대놈'이라고 했다는 설도 있어. 어원이 어쨌든, 청나라가 한족의 국가가 아니어서 오랑캐라고 낮추려고 했던 것은 확실한 것 같아.

마지막은 '짱꼴라'야. '짱꼴라'는 20세기 초 일본 제국주의가 아시아를 강타했을 때 쓰던 말이야. 다시 말해서 일본어가 우리말에 영향을 준 것이라고 보면 돼. 타이완을 정복하고 있던 일본인들이 '청국노淸国奴, 청나라 노예'를 타이완 현지어인 민남어로 발음한 것 Chheng-kok-lo을 일본식으로 'チャンコロ 챤코로'라고 읽었어. 챤코로를 우리나라 사람들이 따라서 발음하다 보니 '짱꼴라'가 된 거야. '되놈'처럼 '짱꼴라' 역시 좋은 말은 아니네.

"멀리 있는 친척보다 가까운 이웃이 낫다."는 말도 있듯이 미우나 고우나 우린 이웃 나라인 중국과 사이좋게 지내야만 해. 모든 면에서 서로를 위해서. 그러니 앞으론 이런 표현 쓰지 않는 게 낫겠지?

중국을 알자　17

스마트폰 하나만
가지고 다니면 되는 나라는?

답은 이미 알겠지? 중국에 대한 책인데, 당연히 중국 아니겠어? 하하하. 혹시 알리페이支付宝나 위챗페이微信支付라는 것을 들어본 적 있어? 우리나라에서도 중국인이 많이 찾는 도시에 살고 있는 친구들이라면 사진120쪽과 같은 것이 붙어 있는 가게들 많이 봤을 텐데.

이게 무슨 사진이냐 하면, 이런 표시가 있는 가게에서는 스마트폰 결제가 가능하다는 말이야. 알리페이나 위챗페이라는 스마트폰 결제 서비스에 돈을 넣어두고 결제가 필요할 때마다 스마트폰으로 결제를 하는 것이지. 보통 오프라인 결제 상황에서는 QR코드를 스캔해서 결제하고, 온라인 결제 상황에서는 스마트폰으로 바로 결제하는 거야.

현재 중국은 신용카드 결제가 안 되는 가게는 있어도 스마트폰 결제가 안 되는 가게는 거의 없을 정도야. 온라인 쇼핑몰에서 물건을 구매하는 것은 물론이고, 식당·슈퍼마켓·각종 상점, 또 더 나아가서 노점상까지도 스마트폰 결제가 가능하니까. 결제만 하는 것이 아니라 주문도 해. 식당에선 테이블에 있는 QR코드를 스캔하면 메뉴판이 스마트폰에 뜨고, 스마트폰으로 바로 주문한 다음 식사 후 다시 스마트폰

알리페이(支付宝)와 위챗페이(微信支付) 사용 가능 표지판

으로 결제를 하는 가게까지 생겼으니까.

요즈음에는 택시도 스마트폰 없이는 잡기 힘들어. 스마트폰으로 택시를 부르고, 스마트폰 앱에서 목적지를 설정한 다음, 도착지에서 스마트폰 결제 서비스로 택시비를 내는 시스템이 정착되었거든. 길거리에서 손을 흔들어 택시를 잡고, 현금으로 결제하는 사람이 이젠 드물지.

또 최근엔 중국인들이 해외여행을 많이 다니면서 중국 뿐 아니라 다른 나라에서도 스마트폰 결제가 가능한 곳이 많아졌어. 우리나라에도 중국인이 많이 다니는 동네에서는 어김없이 알리페이나 위챗페이가 가능하다는 표시가 있는 것을 발견할 수 있지.

그 외에도 스마트폰 결제는 여러 가지 용도로 활용되고 있어. 중국의 최대 쇼핑 축제일이 되어버린 11월 11일 광군제에는 많은 사람들이 모바일 구매를 하고 있어. 2017년 광군제에는 알리페이 이용이 가장 활발할 때 1초당 4,200만 건의 결제가 이루어졌다고 하니 상상도 안 되지? 또 우리의 설날과 동일한 명절인 춘제에 보내는 세뱃돈도 스마트폰으로 보내는 것이 일상화되었어.

이 때문에 현금이나 신용카드를 들고 다니는 사람보다는 스마트폰 하나만 들고 다니는 중국인이 참 많아졌어. 그런데 결정적인 흠이 하나 있기는 해. 스마트폰을 잃어버리면 아무것도 할 수 없다는 거지. 특히 스마트폰에 모든 정보를 넣어 다니기 때문에, 스마트폰을 잃어버리면 카드·계좌 분실 신고조차 할 수 없어 이러지도 저러지도 못하는 상황이 된대. 절대 잃어버리면 안 되는 거지. 한국과 중국의 IT 발전, 어디까지 갈까? 어깨를 걸고 앞서거니 뒤서거니 하며 세계를 이끌어갈 것 같지 않아?

중국을 알자　18

중국인들이
한국 드라마에 빠지는 이유

중국인들이 가장 좋아하는 한국 드라마는 누가 뭐래도 〈별에서 온 그대〉야. 2006년에 시행된 중국의 해외 드라마 수입 제한 조치 때문에 〈대장금〉 이래로 중국인들의 뇌리에 박힐 만한 한국 드라마가 없었거든. 그러다 2013년 말에 김수현과 전지현을 앞세운 〈별에서 온 그대〉가 인터넷 동영상 스트리밍 40억 뷰view 라는 놀라운 기록을 세우며 히트했지. 더불어 중국인들에게 '치맥 열풍'을 불러일으켰고. 그 후 이민호를 내세운 〈상속자들〉, 송혜교와 송중기가 나온 〈태양의 후예〉 등 대박을 터뜨리는 작품이 줄을 이었어. 그 외에도 한국에서 입소문 좀 난 드라마는 어김없이 중국에서도 거의 동시에 방영했고.

중국은 우리나라보다 방송국도 많고 TV 프로그램도 많아. 따라서 시청률이 1~2%만 나오면 대박인 작품에 속할 정도로 경쟁이 치열하지. 그런데 그 치열한 경쟁 속에서 한국 드라마가 선봉에 서 있다니 정말 신기하지 않니? 한국 드라마를 리메이크해 히트시킨 것들도 있고. 그중 〈아내의 유혹〉을 리메이크한 〈후이쟈더 여우훠回家的诱惑〉에 출연한 한국인 배우 추자현은 중국에서 '대륙의 별大陆的星, 따루더씽'이라는 별명까지 얻으며 대단한 인기를 끌고 있어.

그러면, 도대체 왜 중국인들은 우리나라 드라마를 그렇게 좋아할까? 크게 두 가지로 볼 수 있는데, 첫째는 우리나라 드라마가 훌륭해서야. 중국인들도 시청 수준이 매우 높아. 중국 대중문화를 연구하는 사람들의 견해에 따르면, 중국 시청자, 특히 젊은 시청자들은 배우의 연기력이나 배우 자체의 매력도 중요하게 생각하지만, 온전하면서도 모순이 없는 스토리 라인을 중시한대.

중년 이상의 시청자는 아시아적 가치관을 가진 전통적 모습을 한국 드라마에서 볼 수 있어서 좋아한다고 하고. 같은 유교 문화권의 나라지만 중국 드라마에서는 우리나라 드라마에서처럼 가족이 함께 식사하는 모습이나 부모님께 효도하는 모습, 순종하는 모습 등이 잘 드러나지 않나봐. 더 나아가 아시아인의 아름다움을 돋보이게 하는 드라마 속에서의 패션 한복·현대 의상도 시청률을 높이는 데 한 몫 한대.

두 번째 이유는 중국 드라마 수준이 아직은 우리 드라마에 못 미친다는 주장이야. 중국 드라마는 우리나라 드라마만큼 다양한 소재와 스토리 라인을 가진 작품이 많지 않아. 중국에선 드라마를 보통 세 종류로 나누는데 다음과 같아.

① **역사극** 역사적 사실의 바탕 위에 새로운 내용을 덧붙여 만든 드라마로, 쉽게 생각하면 〈삼국지〉와 같은 거야.
② **시대극** 완전한 허구지만 과거 왕조시대 배경의 고전 복장을 갖추고 만든 드라마지. 무협지와 같은 스토리가 많아.
③ **항일극** 20세기 중일전쟁을 바탕으로 한 드라마야.

이렇듯 아직까진 현대물이 적고 스토리 구성도 촘촘하지 않아 인터넷으로 한국 드라마를 바로 볼 수 있는 지금과 같은 상황에선 우리 드라마에 빠져들 수밖에 없는 거지.

하지만 중국인들이 언제까지나 한류 열풍에 휩싸여 있을 거라고 생각하면 오산이야. 중국도 빠른 속도로 제작 환경이 좋아지고 있거든. 중국 TV 프로그램을 역수입해 올 날이 곧 올지도 모르지. 중국의 타 산업 분야 발전 속도를 보면 말이야. 드라마가 자동차나 냉장고처럼 사고파는 상품이 될지 누가 알았겠니. 문화야말로 가능성 무한한 산업임을.

중국을 알자 19

한국 교복
부러워할 만하네

우리나라 중·고등학교의 교복은 학교마다 거의 비슷하지? 남학생은 셔츠에 바지·조끼·재킷을 입고, 여학생도 블라우스에 치마 혹은 바지·조끼와 재킷을 입는 것이. 서양식 정장 형태를 띠고 있어서 잘 갖춰 입으면 매우 단정하고 깔끔한 모습으로 스타일링 할 수 있지. 그렇게 갖춰 입은 학생을 찾기가 쉽진 않지만 말이야. 하하.

우리나라 학생들은 교복 입는 것 자체를 귀찮아하고 싫어하기 때문에 그럴 텐데, 중국 친구들이 이 이야기를 들으면

중국 초등학생들의 교복

"배부른 소리 한다."고 할지도 몰라. 무슨 소리냐고? 중국 학생들이 입는 교복 사진을 보면 대번에 알 수 있지.

사진을 보고 저 옷이 체육복이라고 생각하면 안 돼. 교복이거든. 중국 학생들은 초등학생 때부터 교복을 입는 경우가 많은데, 사진처럼 우리가 흔히 말하는 트레이닝복과 같이 생긴 교복을 입는 경우가 대부분이야. 학교생활을 다룬 청춘 드라마에서도 저런 모양의 옷을 입고 연기하는 것을 볼 수 있지.

중국 교복은 그냥 운동복이야. 실용성을 극도로 중시한 형태의 교복이라고 볼 수 있지. 사실은 우리 학생들도 교복을 입고 등교했다가 금세 체육복으로 갈아입고 수업하는 경우가 많잖아? 그런 면에서 보면 중국 교복이야말로 실질적으로 학교생활에 최적화된 것이 아닌가 하는 생각도 드네.

그런데 뭐든 규정을 정해놓고 그대로 하라고 하면 더 하기 싫어지는 것이 인간의 기본적인 속성인가 봐. 그래서일까? 중국 학생들은 체육복이 아무리 실용적이어도 예쁜 교복을 입고 싶어 한다네? 특히 우리나라나 일본의 TV 드라마·영화에서 잘 생긴 배우들이 입고 나오는 단정한 교복을 보곤 더욱 그렇대. 꼭 그래서만은 아니겠지만 학생들의 요구에 따라 일부 학교는 정장 스타일의 교복으로 바꾸고 있대.

이 책을 읽는 친구들은 어때? 어느 쪽이 더 나은 것 같아? 아예 교복을 없애는 게 낫다고? 하하하! 중국 학생들 역시 정장 교복이 학교 규정이 되면 다시 체육복으로 갈아입고 생활할지도 모르지.

중국을 알자 20

이국인 듯 중국,
홍콩·마카오

언뜻 보면 홍콩도 하나의 나라 같고, 마카오도 하나의 나라 같아. 특히 스포츠를 좋아하는 사람이라면, 올림픽이나 월드컵 같은 경기에서 홍콩 깃발을 본 적이 있을 테니까.

올림픽이나 월드컵은 국가 대항전이잖아. 자국의 국기를 앞세운 국가 대표단이 참가하는. 그래서 홍콩도 국가라고 생각하기 쉬운데, 사실 홍콩이나 마카오는 국가가 아니야. 법적으로 홍콩·마카오는 중국의 한 지방이라고 보면 돼. 해외여행 상품을 검색할 때도 싱가포르·말레이시아와 함께 동남아시아 카테고리에서 찾아야 하니 마치 동남아의 한 나라 같은데, 중국 지방의 하나라고 하니까 이상하지? 이상한 게 당연해. 저 두 도시는 그 도시만의 특별한 역사가 있기 때문이야.

우선 두 도시의 정식 명칭을 알려줄게. 홍콩은 중화인민공화국 홍콩특별행정구中华人民共和国 香港特別行政区, 마카오는 중화인민공화국 마카오특별행정구中华人民共和国 澳門特別行政区야. 이름에서 알 수 있듯, 두 도시는 '특별행정구'야. 그러면 중국에는 특별행정구가 몇 개나 있을까? 머리 쓰지 마. 홍콩과 마카오 단 두 곳뿐이니. '특별'이라는 말에서 알 수 있듯, 두 도시는 중국에서 굉장히 특별한 도시야. 둘 다 유럽 나라의 통치를 받다가 중국이 반환받은 도시라는 공통점이 있어.

먼저, 홍콩을 말하자면 영국의 통치를 받았지. 홍콩 섬은 1841년 영국군에 의해 점령되었고, 난징 조약을 통해 청나라

홍콩기

마카오기

로부터 영국으로 정식으로 양도되었어. 이듬해 영국은 홍콩 총독부를 신설했고, 1860년 제2차 아편 전쟁 이후에 카우룽 반도九龙半岛가 영속적으로 영국에 귀속되었어. 1898년에 영국은 홍콩과 인접한 북부 섬과 신 행정구역으로 알려진 신계新界를 99년 간 조차했고, 99년이 지난 1997년에 홍콩 섬과 카우룽 반도를 포함한 모든 홍콩 지역이 중국으로 반환되었어.

마카오도 비슷해. 마카오는 포르투갈의 통치를 받았었어. 1553년 명나라 시기, 포르투갈 사람들이 마카오에 와서 현지 관리에게 화물이 젖어서 육지에서 말리고 싶다는 구실로 뇌물을 주고 마카오 체류를 인정받았고, 4년 뒤부터는 뇌물을 매년 건네면서 본격적으로 마카오에 눌러 앉게 되었어. 1572년부터는 명나라 중앙정부가 포르투갈인의 마카오 체류를 공식적으로 인정하게 되었고. 그러다가 포르투갈과 청나라가 체결한 1887년 리스본 의정서, 1888년 청-포르투갈 통상 우호 조약에 따라 마카오는 정식으로 포르투갈령이 되었고, 100년쯤 있다가 1999년에 다시 중국에 반환되었어.

그런데 지금까지도 중국은 사회주의 국가인데 반해, 홍콩과 마카오를 오랜 시간 통치했던 영국과 포르투갈은 의회민

마카오의 성 바오로 성당 유적

홍콩의 야경

주주의를 기반으로 한 국가야. 그런 이유로 정치 체제가 갑자기 달라지면 해당 지역 주민들의 혼란이 클 것이 예상되어 중국 정부에서는 두 도시를 반환받을 때 예전의 시스템을 크게 건드리지 않았어. 나라는 중국이지만 중국의 일반적인 지역과는 다른 제도를 허용한 거지. 그걸 어려운 말로 '일국양제'라고 해. 말뜻을 풀면 '하나의 나라, 두 개의 제도'라고 풀 수 있어. 그래서 홍콩·마카오는 중국 중앙정부에서 분리된 채로 행정·입법·사법을 운영하고 있어.

일반적으로 홍콩·마카오 사람이 홍콩·마카오를 다스린다는 원칙 아래 경제·금융·무역·관광·문화·체육 등 거의 모든 분야를 따로 운영하고 있지. 외교와 군사 등 몇 부분만 제외하고 홍콩이나 마카오는 국제기구에 따로 가입할 수도 있어. 그래서 국제올림픽위원회IOC에도 따로 가입하여 올림픽에 따로 출전하는 거고.

홍콩이나 마카오는 여행하기에 좋은 곳이야. 시간 나면 한 번 다녀오는 것을 추천해. 특히 두 도시는 거리가 멀지 않아서 묶어서 볼 수 있어. 중국 아닌 중국 같은 곳, 색다른 매력이 있지.

중국을 알자 21

성평등은
주방에서부터

TV의 예능 프로그램에 최근엔 중국인들 출연이 종종 있지? 요즘은 중국 남자 연예인과 결혼한 모 유명 여배우가 자주 나오던데. 그 여배우의 중국인 시아버지가 요리를 엄청 잘해서 많은 사람들의 관심을 끌었던 것 기억나? 나이 많은 아저씨가 스스럼없이 요리를 하는 것이 아직은 우리나라에서는 어색한 일이다 보니 시선을 끌었던 것 같은데. 언뜻 생각하면 중국인도 가부장적 전통이 강한 민족이라 남자는 손에 물 한 방울 안 묻힐 것 같잖아. 성평등은 왠지 서구에서 넘어온 문화인 것 같고 말이야. 그러나 그건 편견이야.

우리가 상상하는 것 이상으로 중국은 남녀차별이 적은 편이야. 일반적인 정서상 남자가 요리를 못하는 건 용납이 잘 안 된다는 것이 상식처럼 여겨지는 것만 봐도 말이야. 그래서 맞벌이를 하는 현대 중국 가정을 그린 드라마를 보면, 아이는 식탁에서 엄마한테 학교생활 이야기를 하고, 아빠는 부엌에서 요리를 하면서 이야기에 동참하는 장면을 쉽게 볼 수 있지.

중국 남성들은 본인이 좋아하는 요리 기구나 재료를 직접 골라 집에서 손수 만들어 먹는 경우가 많아. 그런 남성들이 많기 때문에 상대적으로 요리를 못하는 남성은 여성들에게 다가갈 기회가 줄지. 우스갯소리로 요리나 집안일을 못 하는 남자는 장가가기 힘들다고 할 정도라니까.

이런 사회적인 분위기가 옛날부터 이어져 오는 전통은 아닌 것 같아. 하지만 왕조사회에서 사회주의 중국으로 국가 체제가 변화되면서 전통 유교문화를 철저하게 배격하려는 분위기가 형성되었고, 여권이 신장되기 시작했어. 게다가 결정적인 계기가 한 번 있었지. 마오쩌둥毛泽东 주석이 "여성은 하늘의 반쪽을 떠받들 수 있다."고 말한 이후로 남녀를 불문하고 사회활동을 하는 것을 기본 덕목으로 여겨서 대부분의 가정은 맞벌이를 하고 있어.

게다가 현실적으로는 1970년대 말부터 실시된 한 자녀 정책 때문에 아이들은 부모가 일하러 나간 사이 집에 혼자 있는 경우가 많았어. 다시 말해서 남자 아이, 여자 아이 가릴 것 없이 어려서부터 혼자서 밥상을 차릴 수 없으면 굶어야 하는 상황이다 보니 남자들도 요리를 할 수밖에 없게 된 거야. 그들이 현재는 20대 혹은 30대 성인이 되었고 습관처럼 스스로 요리하여 식사를 해결하고 있는 거고.

젊은 세대들은 한국도 마찬가지야. 나이를 떠나 각 가정마다 문화가 있으니 가정에 따라 다르겠지만, 산업발달의 형태에 따라 주거 문화와 함께 식생활 문화도 바뀌어 가는 건 매우 자연스러운 일이지. 이런 일이 이야기가 되지 않는 사회가 진정한 성평등 사회라 할 수 있겠지?

중국을 알자 22

낮잠 시간,
체조 시간이 따로 매일

중·고등학교 다니면서 한 번쯤은 이런 생각 안 해봤어? '중간에 낮잠 시간이 있으면 얼마나 좋을까?'하고 말이야. 우리 학생들 정말 잠이 부족하잖아. 이른 아침부터 늦은 밤까지 쉼 없이 스케줄이 이어지잖아. 학교생활뿐 아니라 학원까지 다니며. 보통 9시부터 시작하는 학교 수업 또한 45~50분 정도로 나눠 10분 쉬는 주기로 계속해서 듣고. 휴식 시간 10분은 매점을 가거나 화장실에 가기에도 부족한 시간이라, 보통 부족한 잠은 수업 시간에 보충하고 말이야.

그 빡빡한 정도가 이루 말할 수 없어서 이런 말을 농담처럼 하곤 하지. 1~2교시에는 아침이라 잠이 덜 깨서 졸리고, 3~4교시에는 배고파서 기운 없어 졸리고, 5교시에는 점심 먹고 배불러서 졸리고, 6~7교시에는 하루 종일 수업 듣느라 지쳐서 졸린다고. 뭐, 그냥 학교에서는 하루 종일 졸린 거지.

우리만 그러는지, 중국은 어떤지 좀 살펴보자. 중국은 우리나라 학교와는 달리 학생들의 건강을 위한 시간이 따로 마련되어 있어. 대부분의 중국 중·고등학생은 기숙사에서 생활을 하고. 그러다 보니 아침 시작 시간이 우리보다 약간 빠른 편이기는 해. 보통 7시 30분쯤 등교를 해서 8시 이후부터

중국 학교의 체조 시간

수업이 시작되지. 수업 한 시간이 보통 40~50분 정도로 진행되는데, 오전 1, 2교시가 끝난 후에 전교생이 운동장에 모여서 30분 정도 체조 시간을 가져. 그리고 3, 4교시를 하고, 점심 식사를 하지.

보통 점심 시간은 한 시간 반~두 시간 정도인데, 점심 식사를 한 학생들은 교실 자기 자리에 엎드려서 잠을 자는 경우가 보통이야. 점심 시간이 긴 이유는 낮잠을 자라는 이유 때문이거든. 중국 학생들은 어려서부터 학교에서 낮잠 자는 것이 습관이 되어 있어서 성인이 되고 사회생활을 할 때에도 마찬가지로 낮잠 시간을 찾는 경우가 많아. 그래서 우리나라

점심 시간에 책상에 엎드려 자고 있는 중국 학생들

에 와서 일을 하는 중국인들은 "왜 한국은 낮잠 시간이 없느냐?"며 투덜대기도 하더라고.

오후가 되어 5, 6교시를 진행한 이후에는 또 쉬는 시간에 교실에서 체조를 한 번 더 해. 그냥 체조는 아니고, 눈 체조라고 해서, 눈 주변을 방송에 맞춰 꾹꾹 눌러주는 안구 운동이야. 그리고 7, 8교시를 하고 수업을 마치게 돼. 아까 말했듯 중국 학교는 기숙사 학교가 많기 때문에, 교내에서 저녁 식사·자습·보충·교과 외 활동 등을 하고 기숙사로 돌아가는 것이 하루 일과야.

우리 역시 미래의 기둥인 청소년들에게 많은 관심과 정성을 쏟고 있지. 해마다 더 나은 교육을 위한 개혁도 이루어지고 있고. 학교에 따라선 중국 못지않게 신체 활동을 중시하는 프로그램을 운영하기도 해. 욕심을 부리자면, '건강한 육체에 깃든 건강한 정신'이라는 말을 상기하며 더 많은 학교에서 이런 프로그램들이 운영되길 바라지. '입시 실적에만 급급한 학교'라는 현실적 문제를 해결할 현명한 교육안이 나오길 바라면서.

중국을 알자 23

어디까지 가봤니?
대륙 횡단 스케일!

중국은 세계에서 네 번째로 땅이 큰 나라야. 남한 면적의 98배 이상이라고 하니 말 그대로 '대륙 스케일'이지? 이게 얼마나 크냐 하면, 헤이룽장성黑龙江省의 동쪽 끝 러시아 국경선 있는 곳에서 신장위구르자치구의 서쪽 끝 파미르 고원까지 차로 쉬지 않고 달려도 약 70시간이 걸릴 정도야. 북쪽 끝 헤이룽장성 모허黑龙江省漠河에서부터 남쪽 끝 광둥성 잔장广东省湛江까지는 55시간쯤 걸리고.

그에 비해 우리나라는 최남단 해남 땅끝 마을에서 남한의 최북단 강원도 고성 통일전망대까지 차로 7~8시간이면 갈 수 있지. 게다가 휴전선에 막혀 대륙으로 나가려면 비행기나 배를 탈 수밖에 없는 슬픈 현실 속에 살고 있고.

이 '대륙 스케일'이라는 것은 중국인들에게 대단히 중요한 사고방식이야. 그들에게는 기차를 타거나 자동차를 타고 유럽·아프리카까지 가는 것이 불가능한 일이 아니잖아. 그래서일까. 중국인들은 얼마 전부터 '일대일로 一帶一路'라는 프로젝트를 추진하고 있어. 중앙 및 서부 아시아를 통해서 중국과 유럽을 연결하는 새로운 실크로드 경제 벨트인 '일대 一帶', 동남아시아와 아프리카를 연결하는 해상 실크로드인 '일로 一路'를 합친 말인데, '과거에 융성했던 육상·해상 실크로드의 재건'이 목적이지. 다시 말하자면, 중국인들은 옛날부터 대륙 스케일의 시각을 가지고 있어서 그들에게는 유럽과 아프리카가 그냥 하나의 땅덩어리였던 거야. 차도 없고 기차도 없던 그 시절에 말이야.

실크로드 Silk Road, 우리말로는 비단길이지. 설마 비단이 쫙 깔려 있다고 상상한 건 아니겠지? 비단을 팔러 상인들이 왔다 갔다 했던 길을 뜻하는 건 기본으로 알고 있을 거고. 그

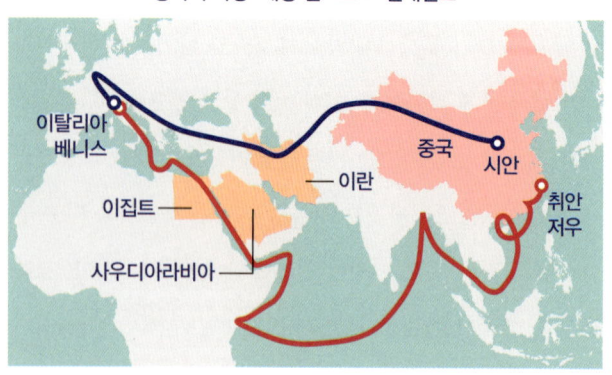

중국의 육상·해상 실크로드 '일대일로'

런데 사실은 이름과는 달리 엄청 높은 산도 많고 사막도 많은 길이야. 이 길을 통해 비단·도자기·차 등을 유럽에 팔고, 포도·석류·소금·유리 등을 중국으로 수입했어. 그 외에도 악사·가수·화가·건축가·선교사 등 문화를 전파하는 사람도 꽤 왕래했다고 하더라.

그럼, 이 길은 누가 개척했을까? 대단한 책임감과 사명감의 소유자, 장건張騫이라는 사람이지. 기원전 2세기, 당시 중국은 한漢나라 시기였거든. 그런데 우리가 보통 생각하는 중국의 모습과는 다르게 그 당시 중국은 군사력이 약해서 서쪽에서 침략하는 흉노족의 공격에 항상 애를 먹고 있었나봐. 그래서 한나라 무제가 장건을 흉노보다 더 서쪽에 있는 월지라는 나라에 동맹을 맺자고 파견을 해. 동서 양방향에서 협공을 하고 싶었던 모양이지? 꽤 괜찮은 생각이었어.

하지만 장건이 서쪽으로 가던 중에 흉노족에게 붙잡히고 말아. 무려 10년 넘게 포로로 잡혀 있었지. 10년이면 그냥 눌러 살 만도 한데, 장건은 계속 탈출을 하려고 했어. 10년이 지난 어느 날 결국 탈출에 성공해서 월지국 왕에게 황제의 뜻을 전달해. 그런데 슬프게도 월지국 왕은 동맹 제의를 거절했어. 결과야 어찌 되었든 자신의 임무를 다 했으니 집에 돌아가야 하잖아? 그런데 어이없게 흉노에게 또 잡히고 말아. 다행히 이번엔 조금 나은 편이었어. 얼마 안 있다가 흉노 왕이 전사했지. 그 틈에 한나라로 도망쳐왔고. 13년 만이었대.

모든 사람이 장건이 죽은 줄만 알았는데 살아 돌아와서 흉노·월지뿐 아니라 그 곳에서 들은 페르시아·인도·로마 같은 곳의 이야기를 전하자 큰 흥미를 보였어. 특히 황제가 수입산 말에 관심이 많아서 장건은 두 번이나 더 서역에 출장을 갔대. 수입차가 국산차보다 더 좋아 보이는 건 그때나 지금이나 마찬가지인가 봐.

어쨌든 장건은 목숨을 건 고생을 하면서 실크로드를 개척한 사람이 되었고 그 이후로 실크로드를 따라 교역이 시작됐다는 이야기야. 당나라 때에 이르러서는 교역량이 많아져 세상 모든 진귀한 물건과 새로운 소식들이 수도 장안에 모여들게 되었어. 우리말에도 있잖아, "장안의 화제가 되었다." 이때와 관련된 말이야.

육지 길만 있었을까? 선박 기술이 발달하면서 바닷길로도 많은 교역이 있었어. 특히 원나라에 이르러 수도가 지금의 베이징으로 옮겨지거든. 베이징은 바다가 가깝잖아. 그래서 원나라의 다음 나라인 명나라 때는 바닷길이 엄청 활발하게 개척돼. 15세기 초에 명나라 영락제는 환관여러분이 생각하는 바로 그 내시인 정화鄭和를 시켜 대규모 원정대를 꾸려. 어느 정도냐고? 300척이 넘는 배와 2만 7,000명이 넘는 선원·병사를 데리고 바다에 나가는 거야. 이게 얼마나 대단한 것이냐 하면, 우리가 잘 아는 콜럼버스가 스페인 왕의 지원을 받고 아메리카 대륙을 발견한 1492년에 배를 몇 척 이끌고 갔는지 알아? 딱 세 척, 120명의 선원과 함께 갔어.

그런데 그보다 70년 이상 앞서서 명나라는 대항해 시대를 열었던 거야. 일곱 번의 항해를 통해 정화는 동남아·인도를 지나 아프리카 남쪽까지 가서 명나라 황제의 위상을 드날리려 했고, 그와 함께 많은 도자기·비단 등이 전파되었지. 돌아올 때에는 향료·기린·사자 등이 바닷길을 통해 중국으로 유입되었다고 해.

중국은 옛날이나 지금이나 대륙을 통해 세상을 보고 있어. 지금도 일대일로 정책을 통해 또 다시 대륙을 향해서 가고 있고. 이런 대륙 스케일에 대응하지 못하면 흐름에서 뒤처질 것 같지 않아? 중국의 이런 사고랄까, 정책을 보며 우리도 세상을 보는 관점을 좀 바꿔보면 좋겠어.

장건(張騫) 동상

중국을 알자 24

아, 세계문화유산

'세계문화유산'이 뭐냐고? 문화유산은 뭔지 알지? 사전을 찾아보면, '앞 세대의 사람들이 물려준, 후대에 계승되고 상속될 만한 가치를 지닌 문화적 전통'이라고 되어 있어. 앞에 '세계'가 붙어 있으니, 온 세계에 있는 문화유산이라고 생각하면 쉽겠지? 세계문화유산은 국제기구인 유네스코에서 지정해. '세계 문화 및 자연 유산 보호 협약'이라는 것이 있어서 그 협약에 따라서 각 나라마다 가치가 있는 것을 유네스코에 신청하면 심사·검토해서 지정을 해주지. 2024년 1월 기준으로 전 세계에 882곳이 세계문화유산으로 지정되어 있어. 우리나라도 종묘·석굴암·불국사·창덕궁·남한산성·조선왕릉 등이 세계문화유산으로 등록되어 있지.

중국은 그럼 몇 군데나 될까? 무려 38곳2024년 1월 기준이나 된대. 땅도 넓고 역사도 깊으니 세계적으로 인정받는 문화유산도 많지. 선사시기 유적부터 근대의 청나라 시기 유적, 또 각 지역과 민족의 유산까지 다양하게 포함되어 있어. 자, 그러면 대표적인 것을 소개해볼까?

가장 오래되었다고 추정되는 것부터 소개할게. '베이징 원인'이라고 들어봤어? 원인은 원시인이라는 뜻이야. 베이징에서 남서쪽으로 40km쯤 가면 저우커우디앤周口店이라는 곳이 있는데, 그 곳에서 원시인의 흔적이 발견되었어. 기원전 1만 8,000~1만 1,000년 사이로 추정하는 유적지로, 지금은 선사시대 아시아인의 모습을 과학적으로 연구하는 곳이지. 호모 사피엔스 사피엔스의 유물이 발견되어 인류 초기의 모습을 확인할 수 있게 되었어.

'갑골문甲骨文'이라는 말은 들어본 적 있지? 지금까지 발견된 것 중 가장 오래된 모습의 한자야. 옛날에 거북이 배딱

지나 소 어깨뼈 같은 데에다 점괘를 기록했던 한자인데, 허난성河南省에서 발견되었어. 중국 역사에서 매우 앞쪽에 있는 상商나라 시기의 유적지로, 은허殷墟라고 불려. 청동기 시기의 국가로 추정되는 이 유적지에서 왕족의 무덤·궁전·갑골문 같은 것들이 출토되어 당시 사회 체제를 이해하는 데 많은 도움이 되었지.

진시황의 무덤도 빼놓을 수 없는 세계문화유산이지. 진시황릉은 뼹마용으로 유명한데, 사진으로만 보아도 그 압도적인 스케일에 놀라게 돼. 흙으로 만들어진 말이나 병사들의 모습이 실제 살아있는 것처럼 생동감이 넘치잖아. 원래는 채색이 되어 있었다는데, 처음 발견했을 때 외부 공기와 접촉하며 색이 다 사라져버렸대. 안타까워. 그래서 현재는 10% 정도만 개방해두고 나머지는 아직 열어 볼 엄두조차 내지 않는대.

그렇다고 진시황릉을 경이로움만 품고 볼 수는 없어. 죽는 순간까지 영생을 꿈꾸던 진시황은 사후 황릉에 수많은 부장품을 넣게 했어. 후손들의 도굴을 염려해 황릉에 미로를 만들고 각종 함정을 설치했고. 설계나 노역에 참여했던 사람이 살아있으면 비밀이 새어나갈 것이 염려되어 공사가 끝나자마자 무덤 입구를 막아 인부들을 생매장시켰다니 가슴 아픈 무덤이지. 아, 그리고 진시황과 관련된 세계문화유산이 하나 더 있어. 만리장성. 워낙 유명하니 설명은 생략할게. 둘 다 보기에 따라 위대한 유산이 될 수도, 탐욕의 결정체가 될 수도 있는 것들이지?

너무 먼 옛날 것만 얘기한 것 같으니 조금 가까운 옛날로 와볼까? 청나라가 가장 마지막 왕조여서인지 아무래도 청나라와 관련된 유적지가 꽤 많아. 랴오닝성 선양辽宁省沈阳은 청나라가 건국된 도시야. 선양에서 청 태조 누르하치가 건

선양 고궁

국할 때에는 나라 이름도 청나라가 아닌 후금后金이었지. 어쨌든 그 선양시에 청나라 초기 황궁이 있어. 그리고 청나라가 명나라를 완전히 몰아내면서 현재의 베이징에 수도를 정하고 우리가 자금성이라고 부르는 그 곳으로 황궁을 옮겼어. 그 두 곳의 황궁, 즉 선양의 고궁과 베이징의 고궁이 모두 세계문화유산으로 지정이 되어 있지.

베이징의 고궁은 보는 것만으로도 어마어마한 규모에 압도되는데, 선양의 고궁은 어떨까? 황궁이라기엔 어울리지 않는 아담한 궁궐이야. 베이징 고궁이 선양 고궁보다 열두 배 정도 넓다고 하면 대충 느낌이 올까? 참고로 베이징 고궁

투러우(土楼)

이랑 현재 서울의 경복궁을 비교하면, 베이징 고궁은 경복궁보다 1.7배 정도 넓어.

특이한 것 하나 더 소개해줄게. 중국 남부로 가면 푸젠성福建省이 있어. 그곳에 가면 정말 특이한 건축물이 있는데, 이게 얼마나 특이하냐 하면, 냉전 시기에 미국이 그 건축물의 생김새만 보고 중국의 비밀 미사일 기지로 오해했다고 하더라고. 이름은 투러우土樓인데, 동그란 건물 네 채와 네모난 건물 한 채가 보통 한 세트지.

중국의 커자客家라는 소수민족이 자기 민족끼리 모여 살기 위해 만든 요즘의 아파트 같은 건물이래. 그런데 워낙 깊은 시골에 있는데다 폐쇄적인 공간이라서 잘 알려지지 않았어. 하지만 그런 곳치곤 유명한 인물도 꽤 있는데, 국부國父로 추앙받는 쑨원孫文도 커자 출신이야. 쑨원의 삼민주의, 사회 시간에 들어 본 적 있지?

우리나라와 관련된 세계문화유산도 있어. 지금은 중국 땅이지만, 오래 전 우리 선조들이 말 달리던 만주 벌판에 있는 고구려 유적지야. 고구려 초기 수도인 오녀산성·국내성·환도산성 등에 남아 있는 왕궁과 무덤 등을 통해 우리 선조들의 흔적을 찾아볼 수 있는 곳이지. 중국 땅에 있지만 세계문화유산으로 잘 보존되고 있다고 하니, 아쉬운 한편 안심도 돼. 기회가 되면 그곳에 가서 선조들의 숨결을 느껴보는 것도 좋을 것 같아.

중국을 알자　25

중국 구경 좀 해볼까?

이웃 나라 중국. 중국 여행 좀 가 봤어? 중국은 비행기를 타고 적게는 한두 시간밖에 안 걸리기 때문에 쉽게 갈 수 있는 나라지. 2016년 한·중 양국의 인적 교류 규모는 중국을 방문한 한국 관광객 476만 명, 한국을 방문한 중국 관광객 806만 명 등 약 1,300만 명이야. 한·중 수교 초기 약 10만 명 수준이었던 것을 감안하면 양국의 인적 교류 규모가 얼마만큼 증가했는지 알 수 있을 거야. 이런 추세라면 앞으로 곧 2,000만 명의 시대도 오지 않겠어? 그럼 중국에서 여행하기 좋은 곳, 가볼 만한 곳은 어디가 있을까? 땅이 넓은 만큼 가볼 만한 곳도 너무 많지만 대표적인 도시 몇 군데만 소개해줄게.

우선, 중국의 수도 베이징北京이야. 원元나라 때부터 수도였고, 세계적으로 세계문화유산을 제일 많이 보유한7곳 도시답게 3,000여 년의 역사를 자랑하는 세계 최대의 황궁 쯔진청紫禁城과 톈안먼 광장天安门广场, 하늘에 제사를 지내던 신묘인 톈탄天坛, 만리장성长城, 청대의 황실원림 이허위안颐和园 등 명승고적이 아주 많아.

이 외에도 베이하이 공원北海公园, 조그만 광장과 넓은 호수가 있는 서민들의 거리 스차하이什刹海, 베이징의 옛 골목

베이징 기차역

길인 후통胡同, 공예품·골동품 거리 류리창琉璃厂, 인공 협곡인 룽칭샤龙庆峡, 우리나라의 명동거리와 비견되는 왕푸징王府井, 예술가들의 작업실이자 전시실인 798 예술거리798艺术区, 일명 '짝퉁 시장'이라 불리는 슈쉐이 시장秀水街, 2008년 베이징 올림픽 주경기장인 냐오차오鸟巢, 젊은이들의 핫플레이스 싼리툰三里屯, 스마오톈제世贸天阶와 란써강완蓝色港湾 등도 가볼 만한 곳이지. 어때, 정말 많지?

참, 베이징에 가면 베이징 오리구이 전문점인 취안쥐더全聚德에서 카오야烤鸭, 오리구이 먹는 것도 잊지 말고, 구이제鬼街에서 먹는 매운 민물가재 요리인 마라룽샤麻辣龙虾나 왕푸징에서 먹는 각종 꼬치와 길거리 음식도 일품이지. 경극·변검·만담·서커스·민속악기 연주 등을 즐기면서 차와 간단한 간식을 먹을 수 있는 공연장 라오셔 차관老舍茶馆에 가보는 것도 좋을 것 같아.

다음은 중국의 경제 중심지 상하이上海야. 상하이는 2015년 중국 도시 중에 GDP 1위에 오른 도시답게 금융과 무역의 중심지로서 중국의 경제 성장을 이끌고 있어. 상하이 현대사의 상징적 장소인 와이탄外滩은 황푸강黄浦江을 따라 유럽

풍 건물들이 늘어서 있어 이국적인 분위기를 만끽할 수 있고, 이곳에서 바라보는 야경이 아름다워 항상 수많은 관광객이 몰려. 상하이를 상징하는 랜드마크인 둥팡밍주东方明珠와 쩐마오타워金茂大厦, 중국을 대표하는 정원인 위위안豫园 등에 한 번 가봐.

시안西安 한 군데만 더 소개할게. 시안은 중국 샨시성陕西省의 중심도시로, 역대 제일 많은 중국 왕조13개가 국도国都로 삼은 곳이야. 역사적으로는 '장안长安'이라고 불렸는데, 가장 번영했던 당대唐代에는 인구 100만 명이 넘는 대도시였으며, 국제 무역의 중심지로 서방에도 이름이 알려졌지. 비단길의 기점이기도 한 시안은 역사적 고도古都답게 문화유적지도 많아.

진시황의 사후 세계를 지키기 위해 만들어졌다는 삥마용兵马俑, 진시황릉秦始皇陵, 8세기에 현장법사가 인도에서 가져온 산스크리트 경전을 보관하기 위해 세워진 따옌타大雁塔, 양귀비가 목욕을 했다고 전해지는 온천지로 유명한 화칭츠华清池, 중국 5악 중의 하나인 화산华山 등이 유명해.

이 외에도 중국은 하얼빈哈尔滨·칭따오青岛·쿤밍昆明·장

자제张家界·청두成都·구이린桂林·저우자이거우九寨沟·항저우杭州·쑤저우苏州·충칭重庆·라싸拉萨 등 가볼 만한 곳이 아주 많아. 중국의 구석구석을 찾아 돌아다니고, 보고 듣고, 먹을거리를 맛보면 중국의 과거를 이해하고, 현재를 느끼고, 미래를 기대하게 돼.

좁고 낡은 후통에서 인력거꾼이 힘겹게 끄는 인력거와 넓고 번화한 대로에서 내달리는 외제차, 고풍스런 문화유적과 하늘을 찌를 듯한 높은 빌딩들을 한 공간 안에서 동시에 볼 수 있는 색다른 경험도 할 수 있고. 현재와 과거와 미래가 공존하는 중국은 매력적일까, 마력적일까?

시안쭝러우(西安钟楼)

중국을 알자 26

마오쩌둥 아들이 한반도에서 죽었다고?

2020년 8월 우리나라 유명 가수인 이효리에 대한 중국인들의 비난 여론이 인터넷을 후끈 달아오르게 한 적이 있었던 것 기억나? 한 예능 프로그램에서 '부캐' 이름을 지어보자며 "마오 어때요?"라고 한 마디 던진 것에 대한 중국인들의 반응 말이야. 중국인은 '마오'라는 이름에 특별한 의미가 있다며 말 그대로 '인해전술'로 이효리에 대해 엄청난 비난을 퍼부었는데, 도대체 '마오'가 뭐길래 그럴까? 또한, 같은 해 10월에는 방탄소년단이 미국의 한 비영리단체에서 주는 상을 받은 뒤 수상소감에서 "한국 전쟁 70주년을 맞아 의미가 남다르다. 우리는 한·미 양국이 함께 겪은 고난의 역사와 수많은 남녀의 희생을 기억해야 한다."라고 말했는데, 난데없이 중국인들이 한국 전쟁에 참전한 중국 인민군의 희생이 무시당했다며 방탄소년단을 비난하기도 했어. 도대체 중국인들은 한국 전쟁에 참전한 자기들의 희생이 왜 방탄소년단에게 무시당했다고 생각한 걸까?

중국에는 '샤오펀훙小粉红'이라고 불리는 사람들이 있어. 한자를 우리 발음으로 읽으면 '소분홍', 즉, '어린 분홍색'이란 뜻인데, 그들이 사용하는 웹사이트의 주된 배경 색상이 분홍색이기 때문에 붙여진 이름이라고 해. 그들은 1990년대 이후에 태어난 세대로 중국 공산당의 애국주의 교육을 철저하게 받아서 "애국을 머릿속으로만 담아두지 말고 실천하라."라는 지침을 가지고 사는, 극단주의적 성격을 가진 국수주의자, 애국주의자야. 예전에도 '펀누칭넨愤怒青年, 줄여서 펀칭'이라고 극단적 애국주의자들이 있었어. 펀칭은 1989년 톈안먼 사태 이후 정부의 주도로 애국주의 사상교육을 철저하게 받아 활동하던 친정부 성향의 청년집단이었지. 펀칭은 극단적 태도로 인해 지식인들의 비판받으며 쇠락했는데, 샤오펀훙이 그들의 바통을 이어받아 떠오른 집단이라고 보면 돼. '펀칭'은 그 단어 자체가 우리나라로 치면 '일베'나 '댓글 알바' 같이 비하의 의미를 가진 용어로 변질하였으며, 아직은 '썰'에 불과하지만, 댓글 한 건에 5마오약 85원씩 받는다고 해서 5마오당五毛党이라고 불리기도 하지. 어쨌든 '샤오펀훙'도 만만치 않은 극단주의 집단인데, 세계적으로 유명해진 계기는 2020 도쿄 올림픽이었어. 첫 번째 꼭지에서 탁구 금메달은 늘 중국 차지라고 했던 것 기억하지? 중국은 올림픽 탁구종목 역사상 딱 다섯 개의 금메달을 놓쳤는데, 그중 하나가 도쿄 올림픽의 혼합복식이었어. 중국 혼합복식팀의 쉬신许昕과 류스원刘诗雯은 도쿄 올림픽 결승에서 홈팀인 일본팀에게 져서 은메달을 획득했는데, 샤오펀훙들의 악성 댓글에 눈물의 사과를 했어. 전교 2등도 아니고 세계 2등을 했는데 칭찬을 해주지는 못할망정 "금메달을 따지 못한 것은 애국심이 없는 것"이라며 비난했대. 그리고 도쿄 올림픽 전체 경기 중 가장 처음으로 금메달을 딴 중국의 사격 선수 양첸杨倩도 인신공격에 시달렸대. 미국 상품인 '나이키' 신

은메달을 따고 굳은 표정의 쉬신(许昕)과 류스원(刘诗雯)

발 컬렉션을 개인 SNS에 올린 적이 있었거든. 나이키는 중국 정부가 신장 위구르인들의 인권을 탄압한다는 이유로 '중국 신장 지역에서 생산된 면화를 사용하지 않겠다.'라고 입장을 밝혔고, 그 이후 중국에서는 나이키 불매운동이 벌어지고 있어. 그런데 양첸이 나이키 신발 사진을 예전에 올렸다는 이유로 비난을 받은 거지.

중국인들은 19세기의 아편전쟁 이후 약 100년 동안의 혼란을 공산당 덕분에 평정하고 안정을 찾게 되었다고 생각해. 게다가 공산당 주도의 개혁개방 및 2008년 국제금융위기 극복을 통해 중국이 미국을 위협하는 세계적인 강대국이 되어가고 있다고 생각하지. 특히 1990년대, 2000년대에 출생한 외동 자녀인 져우링허우, 링링허우는 애국주의적 정규 교육을 받으면서 자기중심적, 애국주의적 사상이 매우 강화되었다고 볼 수 있어. 그리고 그들이 이제 성인이 된 지금은, 그들의 취향을 반영한 문화 상품이 큰 인기를 끌기 때문에 경제적 순환 구조 안에 이념이 포섭된 형태로 자가발전을 한다고 볼 수 있지. 말이 너무 어려운 것 같으니 쉬운 예시를 들어서 설명해 볼게.

2021년 중국 박스오피스 1등이자 세계 박스오피스 2등을 차지한 영화는 〈장진호长津湖〉로, 약 9억 490만 달러(약 1조

마오쩌둥(毛泽东, 왼쪽 뒤)과 아들 마오안잉(毛岸英, 가운데)

741억 1,630만 원의 매출을 올렸어. 이 영화는 1950년 11월 한국 전쟁에 참전한 중공군이 북진하던 UN군을 후퇴하게 만든 장진호 전투를 자신들의 승전이라고 선전하는 영화야. 하지만 세부적으로 따지면 중공군은 UN 연합군의 최소 세 배 이상의 손실을 본 궤멸적 타격을 입었어. 주목할 점은 앞서 이효리가 언급했던 '마오'하면 연상되는 '마오쩌둥 毛泽东'의 아들 '마오안잉 毛岸英'을 영웅으로 묘사하고 있다는 거야. 실제로 마오안잉은 한국 전쟁에 참전했다가 전사하는데, 그가 어떻게 전사했는지 의견이 분분하거든. 근데 영화 속 마오안잉은 지친 병사들에게 솜옷을 나눠주고 펜을 빌려주기도 하고, 빗발치는 총알 속에서 폭격으로 장렬히 전사하는 영웅으로 묘사해. 이제 '마오'를 예능의 소재로 사용하는 것에 민감하게 반응하는 것을 조금은 이해할 수 있겠지? 어쨌든, 이 영화는 개봉 18일 만에 1억 명이라는 어마어마한 관람객을 불러 모았고, 더 나아가 관람객들은 엔딩크레디트가 올라가는 동안 거수경례를 하고, 눈물을 흘리는 등 우리로서는 이해할 수 없는 모습을 보였다고 해.

다시 말해 중국에서는 애국주의 문화가 돈이 된다는 애기야. 제작자라면 당연히 돈을 많이 벌 수 있는 소재로 영화를 만들고 싶겠지? 그리고 이 〈장진호〉를 통해, 샤오펀훙이 방탄소년단에게 왜 화를 냈는지도 미루어 짐작할 수 있어. 한국 전쟁을 중국인들은 캉메이위안차오抗美援朝, 미국에 대항하고 북한을 지원 전쟁이라고 부르거든. '아시아를 침략하는 제국주의자 미국을 중국이 앞장서서 막아냈는데 방탄소년단은 아시아의 평화를 위해 희생한 중국을 쏙 빼고 미국 편을 들다니, 말도 안 돼!'라고 생각하는 거야. 알고 보면 한국이랑 중국은 한국전쟁에서 교전 상대국이었는데, 그건 모르고 말이야.

영화 이야기를 하나 더 해볼까? 2017년에 개봉한 〈특수부대 전랑2战狼2〉으로 〈장진호〉가 개봉하기 전까지 중국 박스오피스 역대 1위였는데, 내용은 간단해. 아프리카에서 쿠데타로 어려움에 처한 현지인과 중국인을 중국 특수부대 출신이 구출한다는 줄거리야. '아무리 먼 아프리카라도 중국인을 위협하면 가만히 두지 않고, 중국은 아프리카인도 보호하는 정의의 국가다!'라는 이야기지. 다시 말해 중국이라는 국가는 중국 인민을 보호하며 정의의 사도라는 이미지를 영화를 통해 주입하고 있는 거야. 그런데 우리가 조심해야 할 부분이 있어. 〈특수부대 전랑2〉와 같은 영화는 우리가 늘 보던 스토리이지만 주인공이 중국인이라는 것만 다를 뿐이야. 비슷한 영화로 지구 소멸의 위기를 중국인이 구해내는 〈유랑지구流浪地球〉도 있어. '중국인이 저런 것을 어떻게 해?'라고 생각하기 쉽잖아. 그런데 우리가 접하는 많은 영웅물이 다 이런 구조로 되어 있어. 〈어벤저스〉 시리즈는 외계인의 지구 침략을 백인 위주로 막아내는 이야기, 〈승리호〉는 인류 멸종의 위기를 한국인이 막아내는 이야기인데, 거부감 없이 보잖아? 지구의 위기를 미국인이 막는 것은 괜찮고 중국인이 막는 것은 이상하다는 생각을 하는 건 인종차별과 다르지 않다는 점도 꼭 기억해두길 바라.

영화 〈장진호〉 광고판 앞에서 사진을 찍는 학생

중국을 알자 27

미국은 중국을
견제할 수 있을까?

20세기 세계의 G2는 미국과 소련현재의 러시아이었어. 그런데 20세기 말 소련이 붕괴된 후 중국이라는 새로운 강자가 등장했지. 21세기 현재 세계의 G2는 미국과 중국이라는 것에 누구나 동의하고 있지. 그런데 두 나라는 무역 전쟁을 넘어 기술 전쟁으로 치닫고 있으며, 이제 세계의 패권을 서로 차지하려고 치열하게 다투고 있어. 현재까지 세계 패권국가인 미국과 엄청난 인구를 자랑하고, 거대한 경제규모로 성장한 중국의 경쟁은 지난 세기 미국과 소련의 경쟁과는 그 양상이 많이 달라.

  우선, 미국과 중국의 패권전쟁이 어디서부터 시작되었는지 이야기를 해볼까 해. 군사, 외교, 경제 등 다양한 분야에서 거론할 것들이 많지만, 경제 중심으로 말해 볼게.

  미국은 지속적인 인플레이션 때문에 늘 걱정이 많은 나라야. 인플레이션은 물가 가치는 오르고, 화폐 가치는 떨어지는 현상이란 거 알지? 자신이 모아둔 돈의 가치가 떨어지면 국민들은 가난해졌다고 느낄 테고, 정부는 민심을 잃게 되기 때문에 각 나라의 정부는 인플레이션을 통제하려고 하지. 즉 물가를 안정시키려고 노력을 많이 할 수 밖에 없어. 미국 국민들이 막대한 소비를 하니 당연히 물가가 오르잖아. 그래서 미국 정부는 저임금 노동시장을 이용해 물가를 잡고자 했고, 이에 따라 중국을 세계의 공장으로 만듦으로써 미국 내 인플레이션을 방어하는 데 성공해. 사실 미국뿐만 아니라 많은 나라들이 이런 이유로 앞다투어 공장을 중국에 설립했지. 그런데 미국은 중국이 세계의 공장으로 남아있기를 바랐고, 자신들의 첨단기술을 넘겨주는 것을 원하지 않았어. 21세기를 맞이하면서 중국의 급속한 성장이 필연적이라는 점을 인정하면서도 어디까지나 미국이 주도하는 국제질서 아래에서만 중국의 성장을 용인하겠다는 생각이었던 셈이었지.

그러나 중국은 시진핑 주석 집권 이후 '중화민족의 위대한 부흥'이라는 '중국몽中國夢, Chinese Dream'을 실현하기 위해 미래 첨단기술 산업까지도 미국을 따라잡자는 야심을 강하게 드러냈고, 미국은 이를 견제하기 시작했어.

이때부터 미·중의 패권전쟁이 표면적으로 드러나게 된 거야. 트럼프 전 미국 대통령은 '강한 미국을 꿈꾸며Time to get tough'라는 슬로건을 걸고, 다른 나라들과 협상을 할 때 미국우선주의 원칙을 내세웠어. 특히 멕시코와 중국 등으로부터의 수입품에 고율의 관세를 부과하는 정책을 실시했지.

미국은 우선 중국과의 무역수지 적자 폭을 줄이려고 하고 있어. 그 해결책으로 중국의 위안元화 가치를 절상시키려고 해. 트럼프 전 미국 대통령은 '중국은 불공정한 방법으로 미국에게서 빼앗아간다'라고 주장했어. 뭐가 불공정하다는 걸까? 첫째, IT기업 진출의 장벽 문제야. 중국은 텐센트, 알리바바, 화웨이, 바이두 등 자국 IT기업의 성장은 도와주고, 미국 IT기업 유튜브, 페이스북 등의 접속을 막아놓아서 중국 시장에 들어갈 수가 없거든. 반면에 중국의 기업은 자국 시장에서 힘을 길러서 해외로 진출하지. 미국 입장에서는 이 부분이 불공정하다는 거야.

둘째, 환율 문제야. 환율 문제는 결국 위안元화 절상과 직결돼. 위안화 절상이 뭐냐고? 위안화, 즉 중국 돈의 가치가 비싸지는 거지. 예를 들어 원래 100위안은 1.3달러 정도면 환전이 가능했는데 인위적으로 1.5달러까지 위안화의 가치가 높아지게 만드는 거야. 중국에서 만들어진 물건은 위안화로 가격이 매겨지는데 위안화가 비싸지면, 수출할 때 경쟁력이 떨어지겠지? 똑같은 100위안이라도 달러로 환전하면 값이 비싸지니 중국산 제품을 수출하는 데 어려움이 생기는 거지. 미국은 중국이 미국 제품은 적게 수입하면서 자신들의 제품은 미국에 많이 수출하고 있으니, 위안화 절상으로 수출을 어렵게 만들겠다는 거지. 이를 통해 중국에 빼앗겼던 부와 일자리를 가져오겠다는 전략이야.

트럼프 정부는 2018년 7월 중국산 수입 품목에 340억 달러나 관세를 부과했어. 그런데, 예상외로 중국도 보복 관세를 부과했지. 2019년 초 베이징과 워싱턴을 오가며 약 5개

월 동안 무역협상을 진행하자 문제가 해결되는 듯 보였어. 그런데 2019년 5월 미국은 중국이 모든 것을 뒤집었다면서, 무려 3,250억 달러라는 추가 관세 계획을 발표해 버렸어. 실로 어마어마한 액수였어. 그런데 중국은 이에 굽히지 않고 2,000억 달러 보복 관세로 맞대응했지.

그러자 트럼프 정부는 무역 전쟁에 이어 환율 전쟁을 선포했어. 미국의 통화 가치를 인위적으로 떨어뜨리는 국가들에게 상계관세를 부과하겠다고 발표했어. 상계관세가 뭐냐면, A라는 국가에서 장려금이나 보조금을 지급하여 만든 제품을 B라는 국가에서 수입할 때 관세를 추가한다는 거야. 그러면 꼭 만나서 계약서에 도장을 안 찍더라도, 수출해서 번 이익에 관세를 부과할 수 있게 되는 거야. 그러자 일부 기업들은 무역 전쟁을 멈춰달라고 호소하기도 했어. 나이키, 아디다스 등 유명 신발 업체들은 중국 공장에서 제품을 만들어서 미국 시장에서 판매하잖아. 그런데 관세를 부과할수록 힘들어지기 때문이지. 트럼프 정부는 그들의 요구를 일축하며, 관세가 부담스러운 회사들은 미국으로 공장을 이전해서 생산가격을 낮추라고 제안했어. 이미 단순 무역 전쟁을 넘어

전면적인 경제 전쟁에 돌입한 거지.

권투로 비유하자면 그동안 미국은 중국에 잽을 계속 날리다가 카운터펀치를 날렸는데, 중국이 예상외로 맷집이 좋은 거야. 맷집만 좋은 게 아니라 미국을 향해 날리는 펀치도 무척 강하다는 얘기지. 현재 진행 중인 이야기라 어떻게 마무리가 될지는 계속 지켜봐야겠지.

트럼프 이어 미국 대통령에 취임한 바이든도 중국을 향해 강펀치를 계속 날리고 있어. 트럼프 때 취했던 관세 부과, 기업 제재 등의 조치를 풀기는커녕 오히려 범위를 확대하고, 동맹국들과 연합해 핵심 기술의 글로벌 공급망에서 중국을 배제하는 전략을 착착 실행에 옮기고 있지. 사실 미국뿐만 아니라 다른 선진국들도 중국의 기업들이 자신들의 기술을 탈취하고 있다는 시각을 갖고 있기 때문에 대부분 미국의 입장에 동조하고 있어.

결국 미·중 패권경쟁의 승패는 어느 나라가 체제의 경쟁력과 지속가능성에서 앞서느냐에 달린 것 같아. 외교·군사적 갈등도 빚어지겠지만 첨단기술 경쟁력을 둘러싼 경쟁이 그 중심에 자리할 가능성이 매우 높아 보여. 첨단기술에서

우위를 장악한 국가가 결국 경제패권은 물론 군사패권, 나아가 글로벌 헤게모니까지 거머쥘 수 있기 때문이야. 특히, 4차 산업혁명을 대표하는 5G, 인공지능AI, 빅데이터, 로봇, 슈퍼컴퓨터 등은 모두 미래를 좌우하는 산업인데, 중국은 이미 5G, 우주항공 등 분야의 기술에서 미국을 앞서거나 비슷한 수준이기 때문에 미국의 초조함이 갈수록 더해지는 형국이지. 하지만 미국의 달러가 기축통화의 지위를 유지하는 한 중국의 세력 팽창에 한계가 있을 거야. 이를 극복하기 위해 중국은 일대일로一帶一路 참여 국가들 중심으로 디지털화폐를 매개로 위안화 결제망을 확대함으로써 달러 패권 체제에 도전할 것으로 예상돼.

이미 링 위에 올라 난타전에 돌입한 미국과 중국은 서로 양보할 수 없는 상황이 되어버렸어. 과거 미·소 냉전 시대가 장기화됐던 것처럼, 미중 갈등도 장기화되겠지. 문제는 우리나라가 경제적으로 어려워질 수도 있다는 점이야. 미국과 중국 두 나라 모두와 밀접한 관계를 맺고 있는 우리나라는 두 강대국의 틈바구니에서 어려운 선택을 할 수밖에 없는 상황에 직면할 거야. 어느 한쪽을 선택하는 것보다는 우리가 대안을 만들어서 국익에 유리한 환경을 만들어나가는 게 중요하다고 생각해. 미국과 중국 사이에서 우리 모두의 지혜를 모아 현명한 선택을 통해 우리의 실리를 챙길 수 있도록 노력하자.

중국을 알자 28

글자야, 그림이야?

뮈지? 저 기괴하게 생긴 글자는? 뭔가 무섭게 생겼다. 지금부터 이상하게 생긴 글자들을 몇 개 보여줄 테니 무슨 뜻인지 한번 알아 맞혀봐.

凸 卡 丛 串 哭 龘
气 风 车 冇 三 嬲
义 王 众 鑫 仦 朤

아마 '凸'는 인터넷에서 자주 본 글자일 텐데 무슨 뜻인지 생각해 본 적 있어? 이게 한자라는 사실을 모르고 있던 사람도 많을 거야. 저 글자는 우리나라 발음으로는 '철'이라고 읽는 한자이기도 한데, 저 애랑 짝꿍인 글자는 '凹', '요'라고 읽는단다. '卡'도 분명 上이라는 글자와 下라는 글자라는 건 알겠는데, 두 개를 합쳐놓은 글자라니 저건 뭐지 싶을 것 같아. 대체 '씨'는 한글 '쓰'와 뭐가 다를까 싶기도 할 테고 말이야. '爨', 이 글자는 뭔가 상상력을 자극하지? 사실 저 글자 중에서 중국어를 공부하면서 꼭 알아두어야 할 글자는 몇 개 없어. 그런데 이런 걸 왜 소개하느냐고?

아마 대부분의 학생들이 중국어를 공부하면서 가장 먼저 드는 생각은 '한자는 너무 어려워요.'일 테니까. 한자에 대해 조금은 재미있는 시각에서 바라보면 좋겠다고 생각했거든. 한국어 공부를 하는 외국인이 ㄱㄴㄷㄹ… 한글 철자를 배우듯 중국어를 공부하는 사람은 너무나 당연하게 한자를 공부해야 하는데, 정작 한자문화권인 우리들은 한자를 어렵다고만 생각하잖아. 심지어 자신의 이름조차 한자로 어떻게 쓰는지 모르는 친구들도 있는 것 같고. 저 요상한 한자들의 뜻을 곰곰이 생각하는 동안 중국에서 쓰는 한자에 대한 몇 가지 이야기를 해보도록 할게.

지금 중국에서 쓰는 글자는 우리나라에서 쓰는 한자와는 다르게 간체자를 쓴다는 건 다들 알거야. 그래서 우리가 보기에 이상하게 생긴 글자들도 나오게 되는 거고. 실제로 간체자는 한자를 잘 아는 사람이 보기에는 뭔가 생기다 만 글자처럼 보이는 게 맞아. 하지만 간체자는 일부러 그렇게 만들었어. 왜냐고? 한자는 중국사람 입장에서도 너무나 어렵거든.

현존하는 한자가 몇 글자인지 상상할 수 있겠어? 1994년에 출판된 『중화자해 中华字海』라는 책에는 8만 7,019자를 수록했고, 베이징 국가안보 자문설비공사에는 한자를 모아 놓은 한자 창고라고 불리는 곳이 있는데 그곳에 9만 1,251개의 한자를 소장하고 있대. 무슨 글자가 10만 개나 돼? 하며 갑자기 세종대왕님께 엎드려 절하고 싶어지지? 그래, 고마워하고 이참에 바른 말, 고운 말 좀 쓰자. 이상한 은어들만 좋아하지 말고.

아무튼, 10만 개 가까이 되는 글자들 중에 앞서 소개한 이

상하게 생긴 글자와 같은 것들도 제법 되는데, 그런 글자는 대부분 고문서에서만 볼 수 있고 현재는 쓰지 않아. 현재 출판계에서 쓰이는 글자는 6,335자이고 국가에서 지정한 상용한자는 3,500자래. 빈번하게 쓰이는 글자는 2,400자 정도 되는데 그중에서도 가장 많이 쓰는 글자는 560자 정도라니, 한자에 도전해 볼 용기가 조금은 나지?

2,400자는 중국 초등학생이 배워야 하는 한자의 개수이기도 한데, 사실상 그건 중국인에게도 쉬운 일은 아니야. 어느 면에서 보면 한국 초등학생보다 중국 초등학생의 국어 수업이 더 어려울지 몰라. 그러다보니 문맹률이 높았을 수밖에. 그래서 나름 원칙을 가지고 간단하게 바꾼 건데 이때 쓰다 만 것처럼 보인다든지 흘려 쓴 것처럼 보이는 글자들이 나오게 된 거지. 이 간체자 덕분에 중국어를 공부하는 외국인들도 한자를 좀 더 쉽게 받아들일 수 있게 되었어.

한자는 어려운 글자이기도 하지만 또 어찌 보면 그림 같은 글자이기도 하잖아. 그러니 너무 어렵게 생각하지 말고 재미있는 그림을 그리듯 써보고 공부하면 좋겠어. 한자는 중국인도 어려워 한다는 점을 상기하며 위로 삼고.

자, 그럼 앞에 소개한 요상한 글자들을 확인해보도록 하자.

凸tū '볼록하다.'라는 뜻을 가지고 있어. 아쉽지만 욕은 아니야. 반대 글자로 凹āo가 있어서 凹凸āotū라고 하면 '올록볼록하다.'라는 뜻이 되지.

卡kǎ 카드를 뜻하는 말이야. 카드는 위에서 아래로 긁으니까. 위 상上과 아래 하下가 합쳐진 게 이해가 되지?

从cóng '쓰'라고 읽지 않아서 당황했어? 하하, 사람 인人이 두 개나 있으니 뭔가 모여 있는 느낌이지? '떼 지어 모여 있는 무리·군집'을 이르는 말이거든.

串chuàn 중국 가서 이 글자가 적혀 있는 곳에 가면 맛있는 걸 먹을 수 있어. 바로 꼬치구이를 파는 집이거든. 저 글자 딱 봐도 꼬치처럼 생겼지?

哭kū 뭔가 네모 눈처럼 생기지 않았어? 밑에 있는 점이 눈물이라고 생각하면 눈물 흘리고 있는 사람 같잖아. 맞아. 저 글자는 '울다'라는 뜻을 갖고 있어. 발음도 그렇지. '쿠우' 하고 울고 있거든.

冇mǎo 有라는 글자는 알지? 근데 안에 뭐가 없어. 그래서 뜻이 '없다.'야. 장난 아니야. 정말 장난으로 만든 글자처럼 보이겠지만 광둥 지역 방언에서 자주 쓰는 글자야. 표준어에서는 쓰지 않아.

亖 sì　2 더하기 2는? 설마 귀요미라고 답하진 않겠지? 4야. 옛날에 쓰던 글자래.

嬲 niǎo　남자 둘 사이에 여자 하나가 끼어 있으면 이건 무슨 상황이다? 상상에 맡길게. 중국에선 '희롱하다, 방해하다, 뒤얽히다.'라는 뜻을 갖고 있대. 내몽골 지역 등 북방 방언에서 쓰이는 글자래.

义 yì　義. 옳을 의. 이 두 글자가 같은 글자라고 상상할 수 있겠어? '간단하게 만들어 주셔서 감사합니다.'하고 싶은 간체자 중 하나지. '정의, 의로운 일, 의미'라는 뜻을 가지고 있어.

气 qì　알고 있는 글자에서 뭔가 빠진 글자 맞지? 간체자를 만드는 법칙 중에 쓰다 말기도 있거든. 氣, 기운 기. 이 글자를 안다면 너무나 외우기 쉬운 글자겠지?

风 fēng　이건 뭔가 대충 쓴 것 같은 글자야. 글자 안에 x표를 쳐 놓다니. 맞아, 원래 저 x자 부분이 어려운 한자였거든. 바람 풍 風을 저렇게 만들어 버린 창의력 칭찬해.

车 chē   장기 좀 둘 줄 아는 사람들은 저 글자 본 적 있지? 초나라 말에 적혀 있을 텐데. 한나라 말에는 같은 글자가 차車라고 적혀 있잖아? 원래는 수레 차 글자의 초서체였는데 글자가 간단하니 이걸 간체자로 쓰고 있어.

众 zhòng   이번엔 사람 인人이 세 개나 있네. 이건 정말 많은 사람을 뜻하는 글자야. 간체자 정말 직관적이지? 원래 글자, 무리 중衆은 살짝 무시해 주는 센스.

玊 sù   玉, 이 글자는 알지? 보석을 뜻하는 옥 자거든. 그런데 점이 이상한데 찍혀 있으니까 뭔가 이상한 옥이라고 생각하면 돼. '흠집 있는 옥'을 뜻하는 말이래.

鑫 xīn   쇠 금金이 세 개나 있으니 뭔가 돈 느낌이 솔솔? 맞아. 저 글자는 재물이 많다는 뜻을 가지고 있어. 주로 가게 상호나 사람 이름에 써서 돈 많이 벌기를 바라지.

尛 mó   작을 소小가 세 개나 들어간 이 글자는 원래 '작다'라는 의미가 없었대. 옛날에는 문장 끝에서 종결어미로 쓰였는데, 요즘 인터넷에서는 소小 자 대신에 닉네임에 많이 쓴대. 왜냐고? 더 귀엽고 예뻐서.

朤 lǎng　달 월月이 네 개나? 맞아. 엄청 밝은 걸 뜻하는 글자래.

龘 dá　우와, 용 용龍 자가 세 개나 있네? 용이 날아오르는 모습을 표현한 글자래. 사실 저 글자보다 유명한 글자가 하나 있어. 바로 용이 네 마리 들어있는 글자 䲜 zhé인데 중국에서 컴퓨터로 칠 수 있는 글자 중에 가장 많은 획수를 자랑하는 글자로 유명해. 무려 64획이라고 하지.

그럼, 컴퓨터로 칠 수 없는 글자 중에는 뭐가 있을까? 바로 이런 글자들이 있대.

160획　172획

부적 같지? 속이 부글부글 끓을 것 같은 글자야. 이걸 쓰라고 해봐. 화가 부글부글 나지 않겠어?

그리고 처음 소개한 그림 같은 글자. 이 글자는 biáng이라고 읽어. 중국어에서 쓰지 않는 발음이면서 컴퓨터로 칠 수 없는 글자이기도 하지. 샨시성 시안 둥지에서 유명한 비앙비앙면이라는 음식 이름에만 쓰는 글자야. 현재 중국에서 쓰이는 글자 중에서 비공식적으로 가장 복잡한 한자이기도 하지.

비앙비앙면은 면이 넓적하고 긴데, 면 뽑을 때 나는 소리가 비앙비앙거려서 비앙비앙면이라고 부른다는 설이 있어. 저렇게 복잡한 글자를 외우는 일도 보통 일은 아니라 저 글자를 외우는 노래도 있다고 해.

어때? 조금은 한자가 재미있게 다가와? 한자랑 조금만 더 친해지면 중국어는 무조건 잘하게 되어 있어. 중국어 한자와 친해지는 그 날까지 파이팅! 짜여우加油!

비앙비앙면

중국을 알자　29

중국이
마약에 깐깐한 이유

얼마 전에 유명 연예인의 마약 흡입으로 떠들썩한 적이 있었지? 다들 우스갯소리로 "중국에서라면 사형이었을 텐데."라고 하더라고. 그런데 정말 중국에서였다면 사형 당했을까? 뭔가 무시무시할 것 같은 대륙의 사형법에 대해 알아보자.

요즘 흉악한 범죄들이 늘어나면서 우리나라는 왜 사형 제도를 실시하지 않느냐는 목소리가 많아. 실제로 우리나라는 1997년 이후로 사형이 집행되지 않는, 사실상 사형 폐지국이거든. 반면에 중국은 현재도 사형을 집행하는 나라야.

1	국가의 안전에 위해를 가하는 죄	국가배반, 무장폭동, 국가기밀매수 죄 등
2	공공안전에 위해를 가하는 죄	방화·절도, 불법으로 총기·탄약·폭탄 등을 매매하거나 운반하는 죄 등
3	사회주의 경제 질서를 무너뜨리는 죄	유해식품 생산 판매, 위조지폐 생산, 무기탄약 소지 등
4	국민의 생명권·민주권을 침범하는 죄	고의로 살인 및 상해·강간·소아강간·인신매매 등
5	재산을 침범한 죄	강도
6	사회관리 질서를 방해한 죄	탈옥폭동, 마약소지 및 판매·운반·제조, 매춘조직 등
7	국방 이익을 해치는 죄	군사시설·군사통신을 파괴하거나 고의로 불량 무기장비 시설을 제공하는 것 등
8	뇌물 횡령죄	
9	군인이 직책을 위반하는 죄	전시에 명령에 따르지 않거나 군사기밀 누설, 군사기물 횡령 등

2015년 〈뉴욕타임스〉에서 발표한 수치에 따르면 2014년에 중국에서 사형을 선고받은 인원은 3,900명이고, 사형을 집행한 인원도 1,770명에 이른대. 이 수치는 전 세계 사형집행 인원의 80%에 육박한다니, 중국은 꽤나 적극적으로 사형을 집행하는 나라 중 하나인 거지. 대체 무슨 죄를 지으면 사형을 선고받게 되는지 한번 봐볼래? 2011년 형법 개정안에 따르면 크게 아홉 가지 항목, 45개 죄목에서 사형을 선고해.

이렇게나 많은 항목이 사형선고의 대상이 된다니 놀랍지 않니? 특히, 한국에서는 몇 십 년 정도의 형을 선고받는 죄목

임에도 중국에선 사형을 선고하는 것이 눈에 띄지(소아강간, 유해식품 생산 등). 물론 세세한 상황에 따라서 정도의 차이는 있겠지만 비윤리적인 행위에는 강력하게 대응하는 중국법의 특징을 볼 수 있어. 실제로 2009년에 있었던 멜라민 분유 파동 당시 제조업자는 사형을 선고받았거든.

자, 이제 여기서 우리가 궁금해하던 마약 범죄에 대한 항목을 발견할 수 있어. 바로 여섯 번째 항목 '사회관리 질서를 방해한 죄'지. 마약을 판매·제조하는 사람뿐 아니라 운반하는 사람까지도 처벌 대상으로 두고 있다는 것이 특징이야. 그럼, 마약에 관련된 자세한 법률을 들여다볼까?

형법 347조 : 마약을 판매하는 자는 수량이 얼마이건 상관없이 모두 형사 처벌받으며 다음과 같은 처벌을 받는다. 마약판매자는 아래와 같은 상황에 해당할 경우 15년의 징역, 무기징역 및 사형에 처하며 재산을 몰수한다.

1	아편 1kg 이상, 헤로인 및 필로폰 50g 이상 혹은 기타 마약 수량이 클 경우
2	마약판매조직의 수장
3	마약판매를 무장 은닉한 경우
4	검사 및 체포에 폭력적으로 저항한 경우
5	국제 마약판매조직에 참여한 경우: 200g~1,000g의 아편, 10g~50g의 헤로인·필로폰 등이면 7년 이상의 유기징역과 벌금에 처한다.

200g 미만의 아편, 10g 미만의 헤로인·필로폰은 3년 이하의 유기징역에 벌금 혹은 단기징역과 벌금에 처한다. 단 정황이 심각할 경우 3~7년 이하의 징역 및 벌금을 부과한다. 미성년자에게 마약을 판매하거나 종용한 경우 가중 처벌한다. 재범의 경우 마약량은 합산한다.

여기서 특이한 점은 마약의 양으로 세세하게 형량을 규정하고 있다는 점과, 재범은 이전에 걸린 것도 합쳐서 형량을 받는다는 점이지. 마약에 대해서 중국이 얼마나 깐깐한지 알 수 있는 항목이야. 이 규정은 외국인이라고 해도 예외는 아닌데, 2014년 8월에는 세 명, 2015년 1월에는 한 명의 한국인이 중국에서 사형에 처해졌어. 2015년에 사형된 사람은 마약을 5kg나 소지하고 있었고, 게다가 네 번이나 적발된 범죄자^{밀수 3회, 운반 1회}여서 사형 당했다고 하더라고.

여기서 잠깐, 혹시 중국에 갈 때 누군가가 짐이 많으니 조금 들어달라거나, 비용을 지불할 테니 짐을 전달해 줄 수 있겠느냐는 부탁을 하면 무조건 거절해야 돼. 만약에 안에 마약이 있으면 여지없이 중국 경찰서로 끌려가게 될 테니까.

그럼, 대체 중국인은 왜 이렇게 마약에 대해서 깐깐한 걸까? 그건 중국의 역사에서 찾을 수 있어. 바로 1840년에 있었던 아편 전쟁 때문이지. 전쟁 이름에서 냄새가 폴폴 나지? 바로 아편 때문에 발발한 전쟁이었거든. 영국에서 중국에 대한 무역적자를 메우기 위해 중국에 아편을 밀수출했는데, 그 때문에 수많은 중국인이 아편중독자가 될 만큼 중국사람들의 삶이 피폐해져버린 거야.

 이에 화가 난 청나라 조정에서 아편을 불태우고 무역금지를 선포했는데, 영국에서 이걸 구실로 전쟁을 일으킨 거지. 중국은 전쟁에서 졌고 처음으로 중화사상의 자존심에 큰 상처가 났어. 홍콩이 영국령이 되었던 것도 이 전쟁 이후에 체결한 난징 조약 때문이었으니까. 돈도 뺏기고 땅도 뺏기고 자존심도 구겨지고. 그게 다 바로 아편 때문인데 마약에 대해 관대할 수 있겠어?

 마지막으로 사형은 어떤 식으로 집행하는지 알려줄게. 아마 중국 처형 사진이라고 해서 무시무시한 것들이 꽤 많이 돌아다니는 걸로 알고 있는데, 요새는 조금 달라졌을지도 몰라. 예전에는 대부분이 총살이었고 일부 지역에서만 약물형을 사용했는데, 최근에 개정된 중국 법은 죄수의 고통을 줄이고 사체를 온전히 보전하려는 목적으로 점점 약물형으로 바뀌고 있는 추세래. 전 세계적으로 찬반 논란이 뜨거운 사형 제도를 적극적으로 집행하고 있는 중국, 바로 이웃 나라이니 제대로 알고 다녀야 해. 아는 만큼 안전하니까.

중국을 알자 30

양꼬치엔 칭따오

최근 모 연예인의 '양꼬치엔 칭따오'라는 유행어 덕분에 칭따오 맥주의 인기가 덩달아 상승했다는 뉴스를 본 적 있어. 게다가 이 연예인은 칭따오 맥주의 광고까지 찍으며 승승장구하고 있고. 중국 길거리 음식 중 하나인 양꼬치 羊肉串 가 중국 맥주인 칭따오 맥주 青岛啤酒 와 잘 어울린다는 재미있는 발상의 마케팅인 것 같은데, 이 광고 때문에 양꼬치를 먹을 때 칭따오를 안 마시면 뭔가 섭섭한 느낌이 들기도 해. 그런데 칭따오 맥주를 그냥 중국 맥주라고만 아는 사람들이 많은 것 같아서 칭따오 맥주의 유래에 대해 얘기해 볼까 해.

칭따오는 한자로는 青岛라고 써. 한국어 한자 발음으로 읽으면 청도지. 위치는 우리나라에서 가장 가까운 산동 반도 동남쪽에 위치하고 있고 바다에 인접한 항구 도시야.

어느 정도 가깝냐 하면 비행기로 한 시간 반이면 도착하는 거리이고, 인천항에서 출발하는 페리를 타면 16시간 정도 걸려 닿을 수 있는 도시이기도 해. 비행기 티켓을 싸게 끊으면 왕복 10만 원도 안 되고 저렴한 2박 3일 패키지 여행은 20만 원쯤이니 가볍게 가기 좋은 외국으로 한국인이 꽤나 선호하는 관광지이기도 하지. 면적은 1만 1,282km²이니 우리나라 경기도 면적 1만 172km²보다 살짝 큰 정도? 인구는

칭따오(青岛)의 위치

920만 명이래.

칭따오의 2018년 GDP가 1조 2001억 5000만 위안약 1850억 달러이라는데, 이 정도면 카타르라는 나라의 GDP와 맞먹는 숫자야. 한 마디로 경제적으로 꽤 잘나가는 동네라는 뜻이지. 예쁜 독일식 건물들이 많아 '중국의 작은 유럽'이라고 불리기도 하고, 바닷가 앞에 있는 5.4광장의 빨간 불꽃 같은 건축물이 칭따오의 대표적인 랜드마크야. 또 미녀들이 많기로 유명한 동네이기도 한데, 우리나라 걸 그룹 f(x)의 멤버였던 빅토리아가 바로 이 도시 출신이라고 해.

그런데 대체 이런 지극히 평범한 도시의 맥주가 왜 전 세계적으로 유명하난 말이지. 이상하지 않아? 사실 유명하기로 따지면 베이징이나 상하이가 훨씬 유명한데, 베이징 맥주, 상하이 맥주는 한국에서 거의 들어본 적도 없잖아. 실제로 존재하는 맥주임에도 불구하고 말이야베이징에도 베이징의 옛날 이름을 딴 옌징 맥주라는 유명한 맥주가 있어. 그 이유는 바로 중국의 역사에서 찾을 수 있어.

1800년대 후반 중국이 청일 전쟁에서 패배한 이후에 프랑스·독일·러시아는 중국이 일본과 체결한 시모노세키 조약에 태클을 걸지. 랴오둥 반도를 일본이 먹는 걸 반대한 거야. 어찌 생각하면 청나라를 위한 것처럼 보이지만, 사실은 본인들이 중국 영토를 가지려고 한 일에 불과해. 결국 중국 영토는 영국·프랑스·독일·러시아 등 서구 열강들의 요구에 따라 '조계지'라는 이름으로 식민지화되는데, 그때 독일이 들어온 지역이 바로 칭따오야. 이제 좀 이해가 가나? 아직 모르겠다고?

그럼, 독일에 대해서 조금 더 생각해 봐. 독일 하면 떠오르는 것은? 그렇지. 바로 독일 맥주잖아. 독일 사람들은 맥주를 물처럼 마신다고 할 만큼 맥주를 사랑하는데, 그들이 유럽도 아닌 저 먼 타국 땅 중국 한가운데에서 사는데 맥주를 마실 수 없다고 생각해 봐. 얼마나 슬프겠어. 게다가 칭따오 지역의 물은 깨끗하고 물맛이 좋기로 유명했거든.

그래서 독일 사람들은 이곳에서 살면서 유럽 스타일 건물만 예쁘게 지은 게 아니라 맥주 공장까지 건설했다는 거야. 이 공장이 지어진 건 1903년인데 생산 설비는 물론 원재료까지 다 독일에서 공수해 왔대. 이후 1914년에 독일 사람들이 중국 대륙에서 철수하지만 공장을 짊어지고 갈 수는 없잖

양꼬치

칭따오 바닷가

아? 자연스럽게 남게 되었지. 이 공장은 이후 칭따오를 침략한 일본에서 막대한 돈을 들여 수리하고 설비를 보완하면서 생산성은 더욱 향상되고 발전하게 되었고. 뭔가 아이러니하지 않아? 침략자들이 남기고 간 유산으로 중국인이 자부하는 최고의 브랜드가 만들어지다니 말이야.

이후 1978년에 미국 시장에 진출하게 되고 15년 만에 초기 수출 2만 상자에서 120만 상자로 늘어, 미국 내 판매량 9위에 육박할 만큼 승승장구하게 되었대. 현재는 미국을 비롯한 영국·프랑스·캐나다·브라질·일본 등 71개국에 수출하는 거대 기업으로 성장하였고, 덕분에 우리도 칭따오 맥주를 편의점에서 사먹을 수 있게 된 거지.

칭따오 맥주는 독일 스타일답게 일반 노란 맥주와 흑맥주 두 가지 타입을 공장이 세워질 때부터 지금까지 생산하고 있어. 어떤 타입의 맥주든 역사가 100년이 훌쩍 넘는 거지. 하지만 아쉽게도 우리나라에서 일반적으로 팔리고 있는 맥주는 노란 맥주 녹색 병 한 가지뿐이야.

실제로 중국의 칭따오 맥주는 맛과 향이 다른 종류만 해도 수십 가지가 넘는데, 이건 중국 현지에서만 맛볼 수 있어. 한

편 칭따오 맥주는 생산 공장에 따라 맛이 다르다며 칭따오의 원래 공장에서 생산된 것만 찾는 사람들도 있어. 칭따오시 덩저우루登州路 56번지가 바로 그곳인데, 지금은 칭따오 맥주의 박물관으로 사용되고 있는 관광지이기도 해. 성인이 되어 관심 생기면, 칭따오 맥주 라벨지에 붙은 생산지 주소를 확인해봐!

1903년에 지어진 칭따오 맥주 공장. 현재는 맥주 박물관

중국을 알자 31

세계를 흔드는 중국 브랜드

"중국, 하면 떠오르는 브랜드는 뭐야?"라는 질문에 몇 개나 답할 수 있어? 미국이나 유럽의 여러 나라들에 대해 물으면 수도 없이 많은 브랜드를 떠올릴 거고, 이웃 나라 일본만 해도 금방 떠올릴 수 있는 세계적인 브랜드가 많잖아. 사실 몇 년 전까지만 해도 이거다 싶은 중국 브랜드가 없었으니 그럴 만해. 하지만 요새는 보조 배터리로 유명해진 '샤오미小米'부터 시작해서 세계적으로 꽤 알려진 중국 브랜드가 많아지고 있어.

하지만 여전히 중국 브랜드에 대한 이미지는 '저렴하다, 유명 브랜드 따라쟁이다, 짝퉁이다.' 정도야. 실제로 예전에는 그랬으니까. 아직도 유명 브랜드 카피에서 시작하는 회사들이 많고. 샤오미라는 브랜드가 처음에 유명해지게 된 이유도 샤오미의 창업자 레이쥔이 스티브 잡스랑 완전히 똑같은 콘셉트로 신제품 발표회를 열어서 광고했기 때문이었거든.

하지만 지금은 전혀 그렇지 않아. 샤오미 보조 배터리는 '대륙의 실수'라고 불릴 정도로 가격 대비 성능이 좋은 상품 중 하나지. 휴대폰 회사인 줄만 알았던 이 기업은 안 만드는 게 뭘까 싶을 정도로 미세먼지 마스크부터 전동 킥보드, 심지어는 전기자동차까지 다 만들어내며 판매에 히트를 치고 있고. 게다가 가격이 싸잖아. 제품 생산단가를 낮춰 양질의 제품을 저렴하게 공급하는 것, 그게 요새 샤오미를 비롯한 중국 기업들이 세계적으로 주목받는 이유인 것 같아. 그럼 샤오미처럼 세계적으로 유명한 중국 브랜드에 대해 한번 알아볼까?

 하이얼海尔 우리나라 사람들의 집에

는 대부분 삼성이나 LG 가전제품이 있을 거야. 그럼 중국사람들은 무슨 브랜드의 TV나 냉장고·세탁기를 쓸까? 아마 잘 모를 거야. 그런데 이 브랜드가 전 세계에서 시장점유율이 1위인 기업이라면 믿을 수 있겠어? 전 세계 사람들은 다 아는데, 유독 한국에만 알려지지 않은 브랜드라니. 바로 이 기업은 하이얼海尔이야. 우리나라에서는 최근에 와인 냉장고로 이름이 알려졌지.

1984년에 칭따오 냉장고 공장으로 시작해서 냉장고만 만들다가 1992년에 TV·세탁기·냉동고 등을 생산하면서 하이얼 그룹이 되었고, 1999년에는 미국에 진출해서 승승장구하게 되었어. 현재 중국 가전 분야에서 가장 많은 외화를 벌어들이는 기업이고, 중국인이 가장 자랑스러워하는 글로벌 기업이기도 하지.

유로모니터 인터내셔널이라는 글로벌 시장조사기관에서 발표한 바에 따르면, 2016년 전 세계 가전시장 점유율 10.3%로 1위를 지키고 있는 정말 대단한 그룹이야. 특히 냉장고·냉동고·세탁기·와인 냉장고는 세계에서 가장 잘 팔리는 제품이래. 인기의 비결은 역시 좋은 품질과 합리적인 가격일 거야. 중국에선 어느 집에서나 볼 수 있는 가전제품 브랜드이니 알아둘 만하지.

텐센트腾讯 이름만으로는 대체 뭐 하는 회사인지 전혀 알 수 없을 거야. 하지만 남학생들은 아하! 할 걸? 〈던파〉와 〈크로스파이어〉. 감이 좀 왔어? 맞아. 이 회사는 우리나라에서 메가 히트를 친 게임 〈던전앤파이터〉와 〈크로스파이어〉를 수입해서 중국 유저들에게 제공한 회사야. 〈던파〉는 한국에서도 워낙 인기 있는 게임이라 중국에서의 인기야 말할 필요가 없지.

하지만 〈크로스파이어〉는 한국에서 처음에는 그다지 인기를 끌지 못했던 게임이야. 그런데 중국에서 놀라운 성공을 거두면서 게임 동시 접속자 수가 200만 명이 넘는 기록도 있어 한창 인기있을 당시엔 한국 개발회사인 스마일게이트가 우리나라 최고 게임사인 넥슨 다음으로 영업이익이 높은 회사가 되기도 했어. 2016년 기준 넥슨 4,298억, 스마일게이트 3,748억

전 세계적으로는 어떨까? 우리가 많이 알고 있는 소니나 블리자드 같은 게임 회사보다도 높은 매출액을 자랑하는 회

사가 바로 이 텐센트야. 매출액 전 세계 1등 회사지. 2016년 기준 약 $11억

그럼, 텐센트는 게임 회사일까? 아니, 사실은 서비스를 제공하는 플랫폼 회사라고 볼 수 있어. 우리나라에 카카오톡이 있다면 중국에는 위챗微信이라는 전 국민적인 모바일 메신저가 있거든. 그게 바로 이 회사가 운영하는 거야. 모바일 메신저 전에 PC 메신저인 QQ라는 중국 국민 메신저를 개발한 회사지. PC 메신저를 바탕으로 게임 친구 추가 등 기능을 적극 활용해서 게임 산업을 성장시켰고, 이걸 모바일 시장으로 옮겨 왔는데 이것도 큰 성공을 거뒀어. 14억 인구의 모바일 메신저라니 어마어마하지? 2020년 기준 12억 1,000만 명 정도 되는 사람들이 이 메신저를 쓴다고 해.

이 위챗이라는 모바일 메신저는 재미있는 기능들이 상당히 많은데, 최근에는 획기적인 결제 시스템을 만들어 제공하여 모든 오프라인 상점과 택시 결제, 콜택시 예약은 물론 온라인 결제가 위챗페이로 가능하게 됐어. 또 홍바오红包라고 하는 용돈 보내기 기능은 단순히 친구사이의 송금 뿐 아니라 마케팅 수단으로 활용되고 있는데, 매년 연휴 때마다 각종

게임과 미션 등을 통해서 훙바오로 공짜 돈을 받을 수 있도록 홍보하면서 위챗 페이의 사용을 독려하고 있지.

이런 다양한 기능과 플랫폼을 바탕으로 PC 게임은 물론 모바일 게임, 광고 산업까지 손을 뻗쳐 중국 내에서 가장 영향력 있는 회사 중 하나가 되었어. 휴대폰을 사용하는 모든 중국인이 가장 자주 접하는 회사, 이런 회사 정도는 알고 있어야 글로벌 시대에 어울리는 사람이겠지?

징둥닷컴 京东, JD.COM 최근에 한국 드라마에서 엄청 많이 보이는 빨간색 광고판, 혹시 봤어? 그래서 이 드라마가 중국드라마냐며 과도한 PPL논란에 시달리기도 했지. 한국 대중문화산업에 많은 투자를 하고 있는 이 기업에 대해서 좀 알아볼까?

이 기업의 기반은 전자상거래 업체야. 쉽게 말하면 대형 온라인 쇼핑몰이지. 알리바바 타오바오라고 하는 회사는 들어봤지? 그 업체와 쌍벽을 이루는 회사라고 생각하면 돼. 2019년 발표에 따르면 이 기업의 영업이익은 4,620억 위안 약 78조 원으로 중국 전체 기업 중 17위에 오를 만큼 엄청나게 큰 회사야. 이 회사는 초반에 중국 온라인 시장에서 수입 브랜드의 짝퉁제품위조품이 판 칠 때 모든 제품에 수입신고서를 첨부할 정도로 물건의 신뢰도를 가장 중요시하는 전략을 내세웠어. 수입품이 아닌 국산 제품도 가격은 약간 비싸지만 품질은 무조건 좋은 제품들로만 채워서 고객들에게 징둥닷컴에서 물건을 사면 실패하지 않는다는 인식을 심어주었지.

이 기업이 다른 전자상거래 업체와 가장 큰 차이점이 있다면 바로 중국 제일의 물류시스템이라고 할 수 있어. 한국도

징둥닷컴 배송차량

온라인에서 물건을 사면 ○○택배, △△택배 등 다양한 택배회사에서 물건이 오지? 그런데 이 징둥닷컴은 자체 물류 시스템을 갖고 있는 회사야. 징둥닷컴에서 물건을 사면 징둥물류에서 자체 배송을 해주는데 중국의 어떤 작은 소도시건 직접 배송할 수 있는 시스템을 갖추고 있어. 자체 배송의 강점이 뭔지 다들 로켓배송을 통해 잘 알고 있지? 바로 속도야. 중국처럼 넓은 나라에서 한국과 같은 로켓배송이 가능할 리 없다고 생각하면 오산이야. 징둥은 오전 11시 이전 주문 건 당일배송, 밤 11시 이전 주문 건은 다음날 오후 3시 이전까지 배송해 주는 '211배송', 주문 다음날까지 무조건 배송하는 '익일 배송', 심지어 주문 후 3시간 안에 배송해주는 '특급배송' 서비스도 운영하고 있거든. 물론 대도시에 한정되어 있긴 하지만 소도시라고 해도 일반적인 택배회사보다는 훨씬 빨리 배송 가능해. 그 이유는 바로 중국 전역에 700개 이상의 자체 물류창고를 갖고 있고 7,000개 이상의 배송터미널이 있을뿐더러 '아시아1호亞洲一号'라고 하는 스마트 물류허브를 25개 소유하고 있기 때문이지. 2019년 기준 이 '아시아 1호'가 얼마나 대단하냐면 입고, 분류, 포장, 출고의 모든 프로세스를 로봇이 담당 하는 완전 무인 물류센터거든. 분류나 입출고는 그렇다 쳐도 물건의 크기와 무게에 맞는 포장박스를 자르고 포장하는 일까지 로봇이 한다니 정말 놀랍지 않니? 한곳의 '아시아1호'에서 일하는 로봇만 1,000여대에 달하고 모든 시스템은 징둥이 자체 연구, 개발한 스마트 시스템에 의해 제어되고 있어. 지금은 출고 이후에는 화물차로 실어서 사람이 배달하지만 현재 개발 중인 자율주행 화물차를 통해 앞으로 5~10년 이내에 중국 전역에 무인배달 시스템을 구축할 수 있게 될 거래. 이미 2020년 말에 중국의 장쑤성 창수시에는 100대의 자율주행 화물차를 배치해서 사람이 아닌 로봇이 배달을 시작하고 있다고 하는데 도로에 돌아다니는 무인자동차를 볼 수 있다니 믿어지니?

이 징둥의 물류시스템이 최근에 가장 도움이 되었던 지역이 어딘 줄 알아? 바로 코로나19로 초기에 가장 많은 피해를 입은 우한武汉 지역이야. 완전 봉쇄된 이 지역에 가장 시급했던 것들이 방역물품, 의료물품, 구호물품 등의 배송이었을 거야. 그런데 바로 이 우한지역에도 '아시아1호'가 있었고 이미 물류네트워크가 구축되어 있었기 때문에 빠른 시간 안에 모든 물건을 배송할 수 있었대. 특히 10일 만에 지었다고 알려진 훠선산 병원의 기자재 및 건설자재를 옮기는데 이 징둥물류가 가장 큰 역할을 담당했다고 하지. 또 당시에 감염위험으로 비대면으로 배송해야 했던 시기에 자율주행 자동차 무인 배달 시스템 시범배송을 시작하며 위기를 기회로 잡았어.

 우리에겐 TV 드라마의 한켠에 잠깐 스쳐 지나가는 회사가 이렇게 대단한 첨단 시스템을 이끌고 있는 줄은 몰랐지? 2020년 〈포춘〉에서 선정한 세계 500대 기업에 102위로 자리하며 미래의 전자상거래 시스템을 이끄는 이 기업, 잘 기억해두자!

중국을 알자　32

겨울에는 하얼빈보다 상하이가 더 춥다?

한국과 중국은 지리적으로 가깝고 문화적으로 비슷한 점이 참 많은 나라인데, 정말 하나도 닮지 않은 게 있어. 그게 뭔 줄 알아? 바로 주거 문화야. 우리나라가 좌식 생활이라면 중국은 완벽한 입식 생활이거든.

 이건 집의 형태와 관련이 깊은데, 우리나라는 주로 나무로 집을 지어서 올렸어. 그런데 신발을 벗지 않고 대청마루 같은 나무 바닥에 올라간다고 생각해봐. 나무가 쉽게 상하고 부서지겠지? 그러니까 신을 벗고 들어갈 수밖에 없었을 테고, 그렇다보니 집 안에서는 신을 벗고 앉아서 생활하는 좌식 문화가 정착됐을 거야. 바닥에서 잠도 자고 밥도 먹고 해야 하니, 바닥 청소를 열심히 할 수밖에 없었을 거고.

반면 중국은 바닥을 따로 두지 않고 그냥 흙바닥이나 벽돌 바닥 위에 집을 지은 거라 집 안에서도 신발을 꼭 신고 다녀야 했어. 그러니 앉으려면 의자가 필요했고, 잠을 자려면 침대가 있어야 했던 거지. 예전에는 바깥에서 신는 신발을 그대로 신고 다니기도 했는데, 최근엔 위생관념이 높아져서 대부분의 사람들이 집에서는 슬리퍼 같은 걸로 갈아 신어. 하지만 한국처럼 맨발로 돌아다니는 건 상상도 못할 걸? 왜냐고? 바닥이 완전 냉골이거든.

주거 문화는 난방 문화와도 연결이 되는데, 우리나라는 옛날부터 따뜻한 구들장에 몸을 지지는 온돌 문화가 발달했어. 집에 오면 양말부터 벗을 수 있는 환경인 거지. 우리 선조들의 지혜가 얼마나 놀라운지 알아? 바닥 자체를 따뜻하게 데워서 그 덥힌 공기를 순환시켜 방 전체를 따뜻하게 만드는 '복사 난방'의 방식을 썼잖아. 전 세계적으로도 유례없는 한국인만의 독특한 방식인데, 대단히 과학적이지. 한번 따뜻해

공공난방을 하지 않는 지역

진 돌바닥은 열을 계속 가둬두어 쉽게 식지 않아 그 열기로 온 집안을 따뜻하게 데울 수 있었던 거니까.

중국도 아궁이를 지피는 방식은 비슷했는데, 우리나라처럼 방바닥 전체를 데우는 방식이 아니라 아궁이 길을 침대 근처에만 뚫어놓아서 그 근처만 따뜻하게 하는 방식이었어. 현대에도 우리나라는 여전히 모든 집 방바닥에 보일러 난방을 하지만, 중국은 따뜻한 물이 흘러서 열을 내는 라디에이터, 즉 전열 기구를 벽에 두고 따뜻한 공기를 만드는 방식을 쓰고 있어.

일종의 벽난로 스타일인데, 이건 가까이 있는 사람만 따뜻하고 라디에이터를 끄는 순간 추워지는 단점이 있지. 그래서 중국사람들은 집에서도 옷을 껴입고 양말을 신는 게 너무나 당연한 일이야. 한국처럼 이불 깔고 바닥에서 잠을 자는 것은 상상도 할 수 없는 일이지.

그런데 재미있는 점은 이 난방 혜택을 전 국민이 다 누릴 수 없다는 점이야. 지도 한번 볼래? 저 파란색 부분이 겨울에도 난방을 하지 않는 지역이야. 대충 상하이 밑에 지역이라고 보면 되겠다. 그런데 왜 난방을 안 하냐고? 겨울에도 영하로 떨어지지 않는 날씨니까. 남쪽 지역에서 난방을 하려면 5도 이하의 날씨가 90일 이상 지속되어야 한다고 해. 물론 하얼빈 같은 동네는 겨울에 영하 30도까지 떨어지니까 당연히 난방을 해야겠지?

그런데 남방 지방이라고 해서 겨울에 안 추운 건 아니거든. 영하로 떨어지지 않았다 뿐이지 그 동네도 겨울에 섭씨 5~10도 정도는 될 거 아냐. 그런 날씨에 난방을 안 하고 집에 있다고 생각해봐. 너무 춥지 않겠어? 게다가 지구 온난화로 인한 이상기온은 남부 지방도 자주 영하권으로 떨어지게 한다고. 실제로 2018년 2월에 윈난성 쿤밍云南省昆明에선 눈이 내린 빙판길에 53중 추돌사고가 났대. 이때 날씨가 영하 4도였다는데, 지도에서 파란 부분의 가장 왼쪽 지역이거든. 난방을 공식적으로 안 하는 지역인데 저 정도 날씨면 얼마나 춥겠어.

그럼, 개인적으로 난방을 하면 될 것 아니냐고 생각할 수도 있잖아? 그런데 이게 안 된다는 거지. 중국은 난방을 중앙정부에서 관리하거든. 모든 집들의 난방이 지역난방공사가 틀어주어야만 나오는 식이라, 북방 지역 사람이라고 해서 언제든 난방을 켤 수 있는 게 아니고 남쪽은 아예 난방을 할 수 있는 시설조차 안 되어 있다는 거지.

물론 최근에 지어진 집은 개인적으로 난방공사를 하는 집도 늘고 있다는데, 그건 소수에 불과해. 만약에 남방 지역에서 겨울에 따뜻하게 지내려면 에어컨 온풍기를 쓰거나 전기난로 같은 걸 놓고 쓰는 수밖에 없어. 그래서 이런 그림205쪽이 등장하지.

저기 보이는 선이 '공공난방 분계선供暖分界线'인데, 북방 지역 사람은 겨울에 집안에서 아이스크림을 먹고 있는 반면 남방 지역 사람은 추워서 덜덜 떨고 있지. 게다가 북방은 한국 추위처럼 건조한 추위干冷인데 남방은 습한 추위湿冷거든. 뼛속까지 시릴 수 있는 추위랄까, 그래서 오히려 남방 지역 사람들이 겨울에 더 고생한대.

중국은 땅덩이가 크니까 이런 난방을 시작하고 끝나는 시기도 조금씩 다 다른데, 2017년 경우에 베이징은 11월 15일~이듬해 3월 15일, 나머지 북방 지역은 9월 27일~이듬해 3월 15일 전후로 난방을 공급했어. 개별적으로 지역난방공사에 신청하면 와서 틀어주는 방식인데, 한번 신청하면 중간에 무를 수가 없어. 보통 면적으로 계산하는 방식을 쓰는데, 베이징 기준으로 1m² 단위 24위안 정도라, 집집마다 다르겠지

떨고 있는 남방 사람과, 슬리퍼를 신고 아이스크림을 즐기는 북방 사람

만 보통 겨우 내내 따뜻하게 지내는데 3,000위안[51만 원] 정도 든다고 하니 그렇게 비싼 편은 아니지?

사실 이 중앙공급난방 방식이 중국인에게는 편하고 저렴할지 모르지만, 우리나라를 힘들게 하고 있는 주범이기도 해. 가을부터 중국발 스모그가 시작된다는 소리 들어 본 적 있지? 그게 바로 저 중앙공급난방 때문인데, 저렴한 석탄을 때기 때문이야. 저 많은 사람들을 따뜻하게 해주려면 얼마나 많은 석탄이 필요하겠어. 연간 7억 톤쯤 쓴대.

그나마 다행인 게 최근엔 중국 정부가 나서서 낡은 석탄 보일러를 없애고, 점차 전기보일러와 가스보일러로 바꾸고 있대. 가스보일러를 쓰는 개별난방 지역[특히 남방 지역]도 많이 늘어서 스모그를 없애기 위한 노력에 동참하고 있고. 덕분에 세계 최고 기술을 자랑하는 한국의 보일러 기업들이 중국의 이런 정책들을 기회 삼아 성장하고 있다는 기분 좋은 소식도 있어. 선조들의 지혜를 이어받은 우리의 기술로 국익도 높이고 세계 환경보호에도 일조하는 활약을 기대해 보자고.

중국을 알자 33

춘제,
축제야 전쟁이야?

세계 어느 나라나 명절은 시끌시끌하고 북적북적하고 그렇지? 그런데 중국은 조금 차원이 다른 시끄러움을 자랑해. 중국에서 1년 365일 중 가장 시끄러운 날이 있는데, 그건 중국의 설 명절, 우리나라의 설날과 같은 날인 춘제春节야. 아마 전 세계를 통틀어서 가장 시끄러운 날이라고 해도 과언이 아닐 걸? 그렇다면 중국사람들은 이 날 대체 뭐를 하길래 그리 시끄러울까?

우리나라의 설 문화라고 하면 떡국을 먹고 세배를 하고 덕담을 나누고 차례를 지내는 등, 시끄럽다기보다는 소소한 가족의 일상이 떠오를 거야. 하지만 중국의 춘제는 좀 달라. 설 전날 밤부터 요란하게 어마어마한 소리가 들려 설이 오는 걸 소리로 알 수 있거든. 바로 폭죽 때문이야.

한국에서 폭죽하면, 바닷가에서 땅땅 쏘아 올리는 그런 걸 생각하겠지만 천만의 말씀, 중국의 폭죽은 거의 기관총 수준이라고 생각하면 돼. 게다가 1만 원, 2만 원짜리가 아니라 30만 원, 50만 원, 심지어는 수백만 원에 이르는 폭죽까지 써가며 새해를 맞이하지. 중국에서 설날에 쓰는 폭죽을 볜파오鞭

볜파오의 종류

炮라고 하는데, 이것은 폭죽이 여러 개 연결되어 있어서 한 번 불을 붙이면 수십 개, 수백 개가 연달아 터지는 거야. 이런 걸 한 명, 두 명이 아니라 한 도시에서 수백 명, 수천 명, 나아가 중국 전 지역에서 동시다발적으로 몇 억 인구가 터뜨린다고 생각을 해봐. 그 소리가 상상이 돼?

그것도 춘제 전날에만 터뜨리지 않고 춘제 기간 내내 계속 터뜨린다면. 중국에서 처음으로 춘제를 보내는 외국인들이 하나같이 하는 말은 "전쟁난 줄 알았다.", "놀라서 뛰쳐나왔다."야. 흡사 대포 소리, 기관총 소리와 맞먹는 소리가 온 동네에 뻥뻥 터지니 얼마나 놀라겠어? 게다가 폭죽은 화약이잖아. 불꽃놀이가 끝나고 나면 매캐한 화약 냄새가 진동해. 그런 폭죽이 바닥에서 하늘에서 계속 터지면 어떻게 되겠어? 온 동네의 하늘이 뿌옇게 되지. 공기오염도 심각하고.

2017년 발표에 따르면 춘제 기간 동안 183개 도시의 공기가 '중간 오염 수준 이상'이었고, 105개 도시는 '심각한 오염 수준'의 공기였다고 해. 대체 얼마나 많은 폭죽을 터뜨리면 공기까지 안 좋아지는 걸까, 상상도 할 수 없겠지. 터뜨리는 날은 그렇다 치고 그 다음 날은 또 어떤 일이 벌어질까?

저 폭죽이 따당따당 터지고 나면 남은 잔해들은? 게다가 폭죽 색깔이 중국인이 가장 좋아하는 빨간색이라면. 바로 사진과 같은 상황이 벌어지는 거지.

베이징에서 춘제 기간 동안에 나오는 폭죽 쓰레기는 하루 평균 400톤에 달하고 이걸 치우는 환경미화원도 5만 명이나 된다고 하니, 얼마나 많은 사람들이 폭죽을 터뜨리는지 알겠지? 게다가 폭죽을 터뜨리는 장소가 주변에 아무것도 없는 공터 같은 데가 아니라 아파트나 주택가 아무 데서

춘제 기간에 쌓인 폭죽 쓰레기

나 터뜨린다는 점. 이 때문에 화재 사고나 부상 사고도 춘제에 많이 일어나.

그럼, 대체 왜 이토록 중국인들은 폭죽을 사랑하는 걸까? 중국사람들은 폭죽 터뜨리는 소리가 악귀와 불운을 쫓아주고, 가족의 평안과 복을 지켜준다는 미신을 갖고 있기 때문이야. 이와 관련해서 옛날부터 중국에서 전해 내려오는 이야기가 있는데 한번 들어볼래?

아주 먼 옛날, '넨年'이라고 불리는 흉악하고 포악한 괴물이 살고 있었대. 1년 4계절 내내 깊은 바다 속에서 사는데, 딱 해가 바뀌는 그때만 나와서 농경지를 파괴하고, 사람을 해치고 가축을 잡아먹고 그랬다는 거야. 그러던 어느 날, 괴물이 마을에서 나쁜 짓을 하고 있었는데, 갑자기 어느 집 아가씨가 새빨간 옷을 입고 있는 걸 보자마자 도망을 쳤다지 뭐야. 또 다른 곳에서는 번쩍거리는 불을 보고 놀라서 황급히 도망을 쳤고.

그래서 사람들은 이 '넨'이라는 괴물이 빨간색·불빛 등을 무서워하는 줄 알고 그때부터 해가 바뀔 때마다 집 앞에 빨간 글귀도 걸고, 폭죽도 터뜨리고, 등도 걸어놓고 한다는 거야. 일부러 마당에서 불 피우고 음식하고 소리도 바깥으로 새어 나가게 하고 말이야.

중국사람들은 이처럼 시끌시끌한 폭죽이 괴물도 쫓아내고 안 좋은 기운도 물리칠 수 있을 거라고 생각해서, 보통 축하하는 자리에서 많이 터뜨리곤 해. 결혼식과 개업식 같은 때 말이지. 어때? 중국사람들이 왜 폭죽을 터뜨리는지 그 이유를 조금은 알 것도 같지?

하지만 말이야. 최근에는 극심한 환경문제와 위험성이 대두되면서 중국 정부에서 대대적으로 500개가 넘는 도시에 폭죽 금지령을 내렸어. 베이징이나 상하이 등 대도시들은 최고 수준의 금지령을 내려서 어느 구역은 무조건 폭죽을 터뜨릴 수 없게 지정을 해두고, 어길 시에는 벌금은 물론 법적 책임까지도 물을 수 있도록 했대. 폭죽을 터뜨리는 시간도 예전에는 하루 종일, 거의 한달 내내 가능했지만, 현재는 15일 동안 오전 7시~밤 12시로 정하고, 폭죽을 사고 팔 수 있는 기간도 10일 간 1월 5일까지로 축소시켜서 폭죽에 대한 대책을 마련했어.

중국인에게 폭죽은 새해를 맞이하며 온몸으로 신년의 기

분을 느끼는 하나의 의식이야. 그래서 이런 금지령을 탐탁지 않게 생각하는 사람들도 있고, 이전만큼 시끄럽지 않아서 새해 기분이 안 난다고 하는 사람들도 있다고 해. 하지만 많은 사람들이 공기오염·소음·화재위험의 심각성을 인지하고 폭죽 터뜨리는 걸 줄이는 추세라니, 우리로선 다행이지. 난방 스모그에 폭죽 연기까지 고스란히 우리도 떠안아야 하잖아. 최근엔 전기로 소리와 빛만 내는 폭죽도 개발했다니, 앞으로는 친환경 폭죽으로 신년을 맞이하는 중국을 기대해 봐도 될 것 같아.

폭죽 금지령 표지판

중국을 알자   34

중국 은행은
일요일도 영업한다?

중국에 여행을 갔는데 중국 돈이 딱 떨어진 거야. 긴급하게 환전을 해야 하는데 일요일이라면? 걱정할 필요가 없어. 왜냐하면 중국 은행은 토요일은 물론 일요일에도 영업을 하니까. 물론 은행마다 약간의 차이가 있기는 한데, 연중무휴지. 대부분의 은행 영업시간은 평일은 오전 8시~오후 5시, 주말은 오전 9시~오후 4시까지고. 평일에 은행에 가기 어려운 직장인들이 주말에 이용하기 때문에 주말 수요가 많대. 일요일에도 정상영업을 하다니, 대체 중국인들의 노동기준은 뭘까? 궁금하지?

 중국의 노동법에는 한 주에 적어도 하루는 휴식할 것, 매일 노동 시간은 여덟 시간을 초과할 수 없고, 1주일에 44시간 이상은 초과하여 노동하지 않아야 한다는 법률이 있어. 게다가 초과근무일 때는 150%, 쉬는 날 초과근무는 200%, 법정 공휴일은 300%의 추가수당을 주도록 되어 있지.

 중국도 대부분 기업에서는 주말에 쉬는 문화가 정착되어 있지만, 중소기업이나 개인기업은 휴일 없이 일하는 경우도 많대. 그럼 주말에도 일을 하는 은행원은 추가수당을 얼마나 받을까? 주말 근무를 하는 은행원은 평일에 쉬기 때문에 초과근무는 아니래. 그래도 추가수당은 줘야 할 것 같지?

 한국에서는 은행원이라고 하면 금융권 종사자로서 최고 연봉을 받는 직업 중 하나야. 초봉이 약 5,000만 원부터 시작하고 평균 7,000만~8,000만 원이라고들 하거든. 물론 그만큼 업무도 만만치 않지만. 중국도 과연 그럴까? 중국에는 수많은 은행이 있는데 그중에서 가장 큰 메이저급 은행인 쟈오통交通 은행이나 자오상招商 은행의 신입 연봉은 대략 6만 위안이야. 그게 한국 돈으로 얼마냐고? 너무 놀라지 마.

2021년 현재 기준 환율로 약 1,020만 원 정도거든. 이걸 월급으로 따지면 한 달에 90만 원 정도잖아. 물론 진급을 하면서 연봉은 점차 오르고 성과급도 많아지지. 은행장이 되면 연봉이 약 8억 원이나 된다고 하지만 신입사원 기준으로 생각 했을 때는 너무 적게 느껴지지?

그럼, 중국에서 가장 돈을 많이 버는 직업은 뭘까? 물가가 가장 높은 수도 베이징을 기준으로 한번 살펴보자.

순위	직업군	연소득 평균임금
1	금융업	347,994위안(5,915만원)
2	소프트웨어, 정보통신업	236,143위안(4,014만원)
3	의료업	224,717위안(3,820만원)
4	문화, 체육 예술업	207,737위안(3,531만원)
5	과학연구, 기술업	200,622위안(3,410만원)
6	농업	191,591위안(3,257만원)
7	교육	187,328위안(3,184만원)
8	전기, 수도, 에너지 공급업	178,623위안(3,036만원)
9	공공관리, 사회보장	168,150위안(2,858만원)
10	도매 및 판매업	152,524위안(2,592만원)
11	임대업, 상업	145,471위안(2,473만원)

출처 2019년 베이징 통계 연감

역시 금융업 종사자들이 가장 임금이 높지? 일반 은행원은 물론 투자회사나 증권·보험까지 모두 포함하고 있어서, 이들 중에는 연봉이 몇 십 억씩 되는 사람들이 상당히 많거든. 그래서 평균 임금이 높을 수밖에 없어. 주목할 만한 건 중국에서 현재 발전하고 있는 IT 관련 산업의 연봉도 상당히 높다는 점이야. 안정적으로 발전가능성이 높고 연봉 상승률도 높아서 중국의 대졸자들이 가장 선호하는 취업 자리이기도 해.

또 우리나라라면 상당히 고소득자로 꼽히는 의사의 평균 연봉도 중국에서는 3,820만 원밖에 되지 않는 건 조금 신기한 일이지? 중국에서 의사는 초임이 3,000위안51만 원 정도로 기본급이 상대적으로 낮아. 물론 성과급 등이 많긴 하지만 한국과는 연봉이 너무나 다르지. 또 의외로 선생님도 의사만큼이나 고소득자에 속한다니까?

중국은 지역별로도 임금 격차가 크게 나타나는데 평균 월급이 가장 많은 도시는 베이징으로, 월 평균 11,569위안196만 원이래. 다음 표를 잠깐 볼까?

역시 베이징, 상하이 등 큰 도시들에서는 월급도 많이 받지? 반면에 하얼빈 같은 소도시는 월 평균 임금이 118만 원

2020년 중국 각 도시 여름 구직기간 평균 임금

排名	도시	월 평균 임금
1	베이징	11,569위안(196만 원)
2	상하이	11,115위안(189만 원)
3	선전	10,565위안(179만 원)
4	항저우	9,698위안(165만 원)
5	광저우	9,334위안(159만 원)
-	-	
34	하얼빈	6,916위안(118만 원)
35	옌타이	6,913위안(117만 원)
36	타이위안	6,867위안(116만 원)
37	창춘	6,753위안(114만 원)
38	선양	6,742위안(114만 원)

출처 중국 최대 리쿠르트 사이트(zhaopin.com) 통계자료

월 최저 표준임금		시간당 최저 표준임금	
도시(성省)	위안(원환산)	도시(성省)	위안(원환산)
상하이	2,480(42만 원)	베이징	24(4,080원)
베이징/선전	2,200(37만 원)	상하이	22(3,740원)
광둥	2,100(35만 원)	톈진	20.8(3,536원)
----	~~~~~~	----	~~~~~~~
헤이룽장	1,680(28만 원)	헤이룽장	16(2,720원)
시짱	1,650(28만 원)	하이난	15.3(2,601원)
깐수	1,620(27만 원)	칭하이	15.2(2,584원)
안훼이	1,550(26만 원)	윈난	15(2,550원)

출처 중화인민공화국 인력자원 및 사회보장부 발표 2020.3.31.

정도밖에 되지 않아. 월급이라는 건 물가수준과 관련이 깊기 때문에 대도시는 당연히 월급이 조금 더 높을 수밖에 없지. 그럼 최저 임금은 어느 정도일까? 중국은 도시별로 법정 최

저 임금도 다르게 설정되어 있어.

  표에서 보면 알 수 있듯 상하이, 베이징, 선전과 같은 도시들이 최저임금이 가장 높지. 월 최저 표준임금이 낮은 편에 속하는 헤이룽장이 바로 하얼빈이 있는 성이니 평균임금과 최저임금이 밀접한 관련이 있음을 알 수 있어. 과연 한 달에 30만 원도 안 되는 돈으로 사람이 살 수 있을까 생각하겠지만 사실 중국에는 상당히 많은 사람들이 최저임금으로 살아가고 있어. 한 끼 밥값으로 천원도 쓰지 못하는 사람이 많은 거지. 앞서 보았던 고연봉의 사람들과 비교하면 정말 중국의 빈부격차는 상상을 초월할 정도야.

  만약 중국에서 취업할 생각이 있다면 한국보다는 적은 월급을 예상해야 할 거야. 주 이틀 휴무가 안 될 수도 있고. 하지만 중국 대학생들은 평균 취업률이 95%에 달할 정도래. 취업난에 허덕이는 한국의 청년들이 보면 너무나 부러운 수치임에 틀림없어. 중국이 그만큼 다양한 분야에서 발전중이라는 얘기겠지? 이렇듯 중국은 청년들을 위한 기회가 활짝 열려 있으니 한번 도전해 봐도 좋을 것 같아.

중국을 알자   35

컴퓨터나 스마트폰에서
중국어 입력하기

요즘처럼 스마트폰으로 하는 채팅이 일상화된 때에 중국사람들은 매일매일 그 많은 글자들을 어떻게 입력할지 궁금하지 않아? 알다시피 컴퓨터의 쿼티qwerty 자판은 전 세계 공통으로 쓰는 건데, 요 몇 개 안 되는 자판에 모든 한자를 넣었을 리는 만무하잖아. 중국사람들의 휴대폰과 컴퓨터에는 뭔가 다른 입력기라도 깔려 있는 걸까?

먼저 중국사람들이 컴퓨터에서 어떻게 중국어를 쓰는지 설명해줄게. 일단 대부분의 컴퓨터는 MS의 윈도를 기본으로 쓰고 있지. 윈도는 자체적으로 중국어 입력기를 갖고 있어. 사실 중국어 입력기뿐 아니라 전 세계 모든 언어의 입력기를 자체 내장하고 있다고 봐야 해. 어디서 찾을 수 있냐고?

> **윈도 11**
> 설정 - 시간 및 언어 - 기본 설정 언어 - 언어추가 - 중국어(간체,중국)

이렇게 중국어 입력기를 컴퓨터에서 자체적으로 추가할 수 있어. 키보드 왼쪽 alt+shift 버튼을 누르면 입력기가 한글↔중국어로 변환도 가능하고.

사실 윈도 7까지는 골라야 하는 입력기의 종류가 여섯 개가 넘을 정도로 많았어. 그런데 윈도 8이 되면서 단순하게 한 개만 선택하는 식으로 바뀌었지. 그 이유는 중국인들이 쓰는 입력기가 단순해졌기 때문이야. 게다가 자체 입력기가 아닌, 중국 인터넷 회사인 서우후搜狐·바이두百度나 구글에서 제작한 입력기를 다운받아 쓰는 사람들이 많아졌기 때문에, 윈도에서 제공할 필요가 없어졌지. 사실 중국사람들이 현재 가장 많이 쓴다고 알려진 입력기는 서우거우搜狗 입력기인데, 이건 중국 사이트 바이두닷컴baidu.com에서 서우거우 입력기搜狗输入法를 검색 후 직접 다운받아서 설치하면 컴퓨터에서 바로 사용 가능해.

그런데 입력기만 설치하면 뭐하냐고? 어떻게 쓰는지 알아야겠지? 중국어 입력은 중국어를 배운 사람이라면 누구나 알고 있는 중국어 발음기호 표기 시스템인 한어병음, 즉 pinyin을 기본으로 만들어져 있어. 중국인들도 기본적으로 학교를 다닌 사람이라면 누구나 한어병음을 알고 있지. 예를 들면 '감사합니다'인 '씨에씨에'를 'xiexie'로 입력만 하면 알아서 한자인 '谢谢'로 바꿔주는 방식이야. 이때 성조는 필요 없어. 중국어 한자를 잘 모르는 외국인도 발음기호만 가지고 타자를 칠 수 있는 거지.

그런데 중국어 입력기는 우리가 생각하는 것보다 훨씬 더 똑똑해. 'xiexie'라고 치지 않고 'xx'라고만 쳐도 가장 먼저 선택 항목에 '谢谢'라는 한자로 바꿔주거든. 'xx'라고 치면 한자 중에서 발음기호가 'xx'로 시작하는 많은 한자가 뜨는데, 가장 입력 빈도가 많은 글자부터 선택할 수 있어. 실제로 보면 1. 谢谢 xièxie, 2. 学校 xuéxiào, 3. 小学 xiǎoxué, 다 글자의 첫 발음이 'xx'로 되어 있는 것 맞지?

중국어 입력기에서 'xx'를 입력한 화면

그럼, 단어만 이렇게 쓸 수 있는 걸까? 아니, 그 정도가 아니야. 사진의 입력기는 서우거우 입력기인데, 이 입력기가 인기가 좋은 이유는 입력자가 쓰려는 말을 잘 알아서 캐치하는 능력이 뛰어나서야. 예를 들어 중국어로 '나는 한국사람입니다.'라고 친다면 '我是韩国人'이라고 할 거야. 한어병음으로는 'Wǒ shì Hánguórén'이라고 치겠지? 이걸 입력기로 쳐보도록 하자. 한 글자씩 아니라 전체 문장으로 말이야.

어때? 한 글자씩 일일이 선택하지 않아도 가장 먼저 원하는 문장이 입력되어 있는 걸 볼 수 있지? 만약에 'wo'라고만 치면 'wo'라는 발음에 해당하는 수많은 한자가 나오게 될 텐

중국어 입력기에서 'Wǒ shì Hánguórén'을 입력한 화면

데, 그걸 한 개 한 개 찾고 있다고 생각해봐. 얼마나 시간이 많이 걸리겠어. 그래서 중국어 입력기는 전체 문장을 치더라도 문맥에 맞게 알아서 알맞은 한자로 바꿔주는 똑똑한 기능을 가졌어. 게다가 검색어 밑에 보면 사람들이 가장 많이 찾아 본 관련 문장도 나오고 있지? 그래서 저렇게 시작하는 문장만 치면 원하는 문장 전체를 입력하지 않고도 관련 문장을 선택해서 쓸 수 있기도 해.

그런데 중국에는 이 입력기 말고도 재미있는 입력기가 하나 더 있어. 한어병음을 이용한 방식보다 훨씬 빨라서 속기를 하는 사람들이 많이 쓰는 입력기라고도 하는데, 우비 입력기五笔输入法라는 입력 방식이야. 1983년에 컴퓨터 전문가인 왕용민王泳民이라는 사람에 의해 발명됐다고 해. 이 방식은 한자를 완전히 이해한 사람만이 쓸 수 있는 입력기라고 할 수 있어. 한자를 쪼개서 입력하는 방식이라고 생각하면 편해.

예를 들어서 汉이라는 한자는 氵와 又로 나누어져 있다고 생각할 수 있지? 저 그림대로라면 IC를 치면 되는 거지. 그림에 보이는 같은 색깔로 표시된 구역이 같은 획으로 시작하는 한자들이야. 문제는 저걸 컴퓨터에 붙여 놓지 않는 이상에는

우비 입력기(五笔输入法)

머리로 외워야 하겠지? 중국인들은 평생 보는 글자이니 어렵지 않게 외울 수 있다고 하는데, 외국인들에게는 살짝 넘을 수 없는 벽 같은 느낌이지? 한자를 좋아하는 사람이라면 한번 도전해봐.

스마트 폰의 경우에는 핸드폰마다 내장되어 있는 중국어 입력기가 있어서 손쉽게 중국어를 입력할 수 있어. 안드로이드 핸드폰의 경우는 키보드에 있는 톱니바퀴⚙를 누르면 키보드 설정으로 바로 이동 가능해. '입력언어관리'나 '입력언어선택'을 누르고

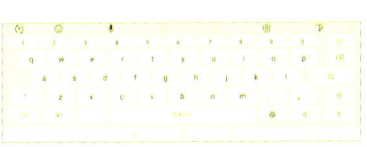

삼성키보드의 중국어 자판

중국어简体中文를 찾아 다운로드 하면 끝! 간혹 繁體中文香港으로 잘못 다운받는 친구들도 있는데 그러면 우리가 원하는 중국어를 입력할 수 없으니 주의해. 아이폰의 경우도 키보드에서 지구본 모양🌐을 누르면 '키보드 설정'으로 바로 이동가능한데 '중국어 간체'에서 '병음-QWERTY'를 찾아 추가하면 돼.

한자를 직접 써보고 싶은 친구들은 '손글씨'삼성키보드는

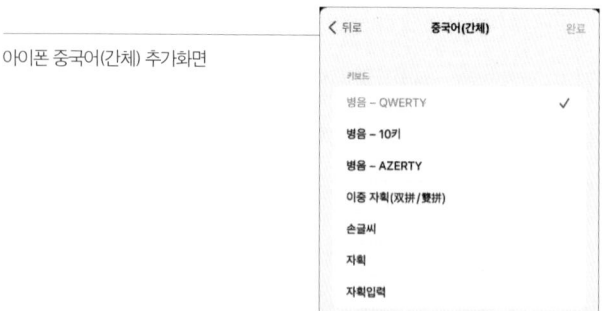

아이폰 중국어(간체) 추가화면

버튼를 추가하는 것도 추천해. 중국어 발음은 모르는데 한자만 갖고 찾아야 할 때 유용할 거야. 참고로 앞서 말한 우비입력기는 '자획입력'이니 궁금하면 한 번 추가해 보아도 좋고.

우리는 중국어를 열심히 배웠으니 중국어 키보드의 🎤버튼을 잘 활용해 보자. 누르고 중국어로 말하면 한자로 바뀌는데, 한자가 틀리지 않았다면 '내 발음으로 중국인과 대화가 가능하네!'라는 자신감이 충만해질 거야.

중국을 알자 36

다수의 소수 민족

세계가 글로벌화되면서 우리나라의 '단일 민족 자부심'이 다소 억지스럽거나 어색해지고 있는 거 같아. 5,000년 유구한 역사 이래 단일 민족이라는 자부심으로 살아온 우리에게 다민족 국가라는 생소한 개념이 들어온 거지. 그러나 실제로 세계 상당수의 나라들은 여러 민족으로 구성되어 있어. 대표적인 다민족 국가로는 미국·중국·인도를 들 수 있지. 그중 이웃 나라 중국의 경우 소수민족은 매우 많지만 각 민족의 인구는 그렇게 많지 않아.

중국은 다수민족인 한족汉族과 55개의 소수민족으로 이루어진 다민족 국가야. 소수민족이라는 말은 지배적 세력을 가진 한족에 비해 상대적으로 인구가 적고 언어와 관습 등이 다른 민족을 의미해. 중국에서 소수민족의 규모는 전체 인구의 10분의 1에도 미치지 않아. 2020년 현재 중국의 인구는 약 14억 4,421만 명, 그 중 한족이 약 13억 3,289만명으로 약 92.3%이며, 55개 소수민족은 약 1억 1,132만명으로 7.7%라고 해. 1억 1,132만명을 소수라고 부르니 믿어져? 남북한 인구를 다 합친 것 보다 많은 엄청난 수치인데 말이야.

소수민족은 중국 전역에 걸쳐 넓게 분포해 거주하는데, 주로 티베트 장족, 내몽골 몽골족, 신장 위구르족을 비롯한 5개 소수민족 자치구와 연변 등의 30개 자치주, 120개의 자치현에 거주하고 있어. 거의 모든 소수민족은 자신의 고유한 언어를 사용하고 있고, 그중 21개 민족이 고유의 문자까지 가지고 있어. 중국 전체 인구 구성 면에서 특이한 점은 앞에서 말했듯이 한족 92.3%, 55개 소수민족 7.7%로 소수민족의 규모가 작은 반면, 지역 구성 면에서는 소수민족이 거주하는 지역이 전체 면적의 64%로 큰 면적을 차지하고 있지.

(단위: 명)

중국어 간체자	우리말	인구	중국어 간체자	우리말	인구
壮族	좡족	16,926,381	仫佬族	무라우족	216,257
回族	후이족	10,586,087	锡伯族	시보족	190,481
满族	만족	10,387,958	柯尔克孜族	키르기즈족	186,708
维吾尔族	위구르족	10,069,346	景颇族	징포족	147,828
苗族	먀오족	9,426,007	达斡尔族	다우르족	131,992
彝族	이족	8,714,393	撒拉族	사라족	130,607
土家族	투자족	8,353,912	布朗族	부랑족	119,639
藏族	티베트족	6,282,187	毛南族	마오난족	101,192
蒙古族	몽골족	5,981,840	塔吉克族	타지크족	51,069
侗族	둥족	2,879,974	普米族	푸미족	42,861
布依族	부이족	2,870,034	阿昌族	아창족	39,555
瑶族	야오족	2,796,003	怒族	누족	37,523
白族	바이족	1,933,510	鄂温克族	어원커족	30,875
朝鲜族	조선족	1,830,929	京族	징족	28,199
哈尼族	하니족	1,660,932	基诺族	지눠족	20,899
黎族	리족	1,463,064	德昂族	더앙족	20,556
哈萨克族	카자흐족	1,462,588	保安族	바오안족	20,074
傣族	다이족	1,261,311	俄罗斯族	러시아족	15,393
畲族	서족	708,651	裕固族	위구족	14,378
傈僳族	리수족	702,839	乌兹别克族	우즈베크족	10,569
东乡族	둥샹족	621,500	门巴族	먼바족	10,561
仡佬族	거라우족	550,746	鄂伦春族	오로촌족	8,659
拉祜族	라후족	485,966	独龙族	두룽족	6,930
佤族	와족	429,709	赫哲族	허저족	5,354
水族	수이족	411,847	高山族	가오산족	4,009
纳西族	나시족	326,295	珞巴族	뤄바족	3,682
羌族	지앙족	309,576	塔塔尔族	타타르족	3,556
土族	투족	289,565			

소수민족 인구 통계

이런 현실 아래 중국 정치·경제 등 사회 전반은 한족 중심으로 돌아가고 있다는 얘기지.

1949년 국공내전에서 승리한 공산당은 중화인민공화국, 즉 지금의 중국을 수립한 직후 다민족 국가인 중국을 안정적으로 통치하기 위해 '민족식별民族识别 사업'이라는 정책을 추진해. 왜냐하면 중화인민공화국 수립 직후 국내의 민족 분류가 분명치 않아서 전체 민족에 대한 정확한 파악이 불가능했고, 이 때문에 중국 당국은 정책을 효과적으로 추진하는 데 어려움을 겪거든. 그래서 새로운 민족정책으로 개인 또는 집단들을 판별하고 분류하는 민족식별 사업을 시행한 거야.

민족식별 사업의 기준은 '공동 언어, 공동 지역, 공동 경제생활, 공동 문화의식의 네 가지를 가진 공동체'라는 것이야. 그 결과 1964년 한족 이외에 55개의 소수민족이 공인되었지만, 몇몇 종족 집단은 아직도 민족 귀속이 정해지지 못했어. 현재 중국에 존재하는 소수민족들은 자연적으로 형성되었다기보다는 오히려 중국 정부에 의해 인위적으로 형성된 거야. 하지만 이 사업도 완벽한 구별은 아니기 때문에 민족 성분의 회복과 변경을 원하는 목소리가 불거져 나오게 되었고, 민족식별 사업은 현재도 계속 진행 중이라고 말할 수 있어.

중국 정부는 소수민족 정책으로 강경책과 유화책을 병행하고 있어. 중국 정부 수립 이후 대체로 지켜져 왔던 소수민족 정책의 원칙은 '민족자치 허용, 분리 독립 불가'이며, 정책의 목표는 한족 중심의 소수민족의 동화라고 볼 수 있지.

1949년 갓 정부를 수립한 중국에 있어서 소수민족의 넓은 거주 지역은 매우 중요하고 잠재적인 자원이었어. 따라서 이 시기에는 소수민족에게 폭넓은 자치권을 부여하는 포용 정책을 실시해. 하지만 온건정책을 통해 어느 정도의 안정적 기반을 다진 중국 정부는 1950년대 후반 들어 강경한 민족 정책을 추진하게 되지. 당시 '대약진 운동', '문화대혁명' 등 국내 정치의 급격한 변화와 인도·소련과의 분쟁 등 외적 긴장의 요인과 맞물리면서 강경책이 나타난 거야. 그러면서 소수민족의 고유한 문화는 부정하고 한족으로의 동화를 강요하게 되지.

1980년대 개혁개방 정책에 따라 소수민족 정책도 점차 바뀌게 돼. 이는 중국의 경제 발전에 있어서 소수민족 지역의 풍부한 자원과 소수민족의 적극적인 참여가 필요했기 때문이야. 중국공산당은 시장경제 발전을 통해 국력을 강화하고 '다원일체 중화민족'이라는 구호 아래 공동체 의식을 높이기 위해 노력하고 있어. 2013년 국가주석이 된 시진핑은 중국 내부의 통일과 안정을 위해서 소수민족의 독립이나 분열에 대해서는 강력하게 통제하는 한편, 경제적 성장을 동반하는 정책으로 소수민족을 포용하고 있어.

중국의 소수민족

지금은 소수민족 우대 정책을 정치·경제·사회 등 다방면으로 실시하고 있어. 중국은 소수민족 지역에 자치를 허용하고 있으며, 자치 지역의 수장은 해당 지역의 소수민족에게 맡기고 있지. 중국 최고 국가권력기관인 전국인민대표대회에서 '인구가 적은 민족도 적어도 한 명의 대표는 있도록 해야 한다.'라는 규정을 만들어서, 소수민족에게 참정권을 보장하고 있어. 인구 정책에서는 2015년 모든 부부에게 두 자녀를 허용하는 1가구 2자녀 정책이 시작되기 전까지 중국은 1가구 1자녀 원칙의 산아제한 정책을 중국 전역에 엄격히 시행하고 있었어. 하지만 그때에도 소수민족에게는 예외적으로 2자녀까지 허용하기도 했지. 또한 특정 부문의 세금을 면제하고 경제·기술 합작을 지원하는 등 경제적인 면에서도 소수민족에게 각종 특혜와 우대를 해주고 있어.

그럼에도 불구하고 중국 정부와 소수민족 사이에는 갈등과 분쟁이 계속되고 있어. 특히 신장 위구르와 티베트 지역의 반발이 거센 편이야. 2008년 3월과 2009년 7월 티베트와 신장 위구르 지역에서는 독립을 주장하는 대규모 민족시위가 있었고, 지금도 여전히 분리 독립 운동을 펼치고 있어. 또

2009년 한족이 서부 개발과 관련하여 상권개발을 독차지한 것에 대한 반발로 위구르족의 봉기가 일어났고, 2011년에는 광산 개발권을 가진 한족과 유목으로 생계를 꾸리는 몽골족의 갈등으로 네이멍구內蒙古 봉기가 일어나기도 했어. 이처럼 소수민족 관련 문제는 중국 정부의 영원한 과제야.

중국을 알자 37

조선족, 한국과 중국을 잇는 다리

중국의 많은 소수민족 중에서 우리와 공동의 역사를 지닌 민족이 있는데, 어느 민족일까? 맞아! 바로 조선족朝鮮族이야. 조선족은 현재 약 183만 명으로 중국의 55개 소수민족 가운데 14번째로 인구가 많지.

조선족은 주로 둥베이东北3성이라고 부르는 헤이룽장黑龙江성, 지린吉林성, 랴오닝辽宁성에 살고 있는, 한韩민족 혈통을 지닌 중국 국적의 사람들이지. 그중에서도 지린성의 옌볜延边조선족자치주가 조선족 최대의 집중 거주지역이야. 중국 정부의 소수민족 정책에 따라 민족자치권을 인정하여 옌볜조선족자치주의 지위를 부여한 거지. 자치주라는 말 처음이지? 자치주는 우리나라의 시와 비슷한 행정단위라고 보면 돼.

그럼 그들은 어떻게 중국에서 살게 됐을까? 조선족의 뿌리는 19세기 중엽 한반도에서 이주해 간 당시의 조선인들이야. 이후 지속적으로 한반도에서 중국으로 간 이민자가 늘어났는데, 이민의 역사를 보기 쉽게 도표로 작성하면 다음과 같아.

차수	시기	이민 인구	이민 주요 원인	비고
1	1869~1910	약 34만 명	자연재해, 생계	자유이민
2	1910~1931	약 50만 명	항일독립운동	일본의 조선 강제 합병
3	1931~1945	약 130만 명	강제 이민	일본의 만주침략
4	1945~1953	약 100만 명	한반도로 귀환	일본 패망
5	1986년 이후	약 150만 명	중국 대도시로 이주 및 한국 입국	1992년 한·중 수교

출처 민족지식총서《조선족》, 민족출판사(중국 베이징), 해당 내용 정리

도표에서 알 수 있듯 처음에는 먹고살기 위해서 이민해야 했고, 그다음에는 일본의 침략에 대항하기 위해 고향을 떠나 중국 만주지역에 모여들었지. 그리고 1931년 일본이 중국을 침입하여 만주국을 세운 후 강제로 이주시킨 사람들이 가장

조선족 거주지역

많아. 1945년 일본이 패망한 후 한반도로 돌아온 사람들도 있었지만 절반 이상의 이주민들은 그동안 일군 자신들의 터전을 지키고 싶어 남았어. 이들은 1949년 중화인민공화국이 들어서면서 중국인으로, 중국인 중에서도 조선족이라는 소수민족으로 살게 되었던 거야. 이게 다 나라가 힘이 없어 생긴 일이니 생각하면 참 마음 가슴 아픈 역사야.

1920년대 이후 동북 지역의 조선인들은 치열한 항일투쟁을 했고, 1945년부터 1949년까지 중국의 국공내전 기간 중에는 중화인민공화국 건국에 적지 않은 기여를 했어. 이들이 바로 현재 조선족들의 부모 세대나 조부모 세대들인 거지. 항일투쟁과 국공내전에서 공이 컸기 때문에 민족적 정체성이나 자존감도 아주 높아. 그리고 중국 56개 민족 중에서 교육 수준이 가장 높은 민족이라는 자부심도 강하지.

중국이 개혁개방 정책을 실시한 후, 동북 3성에 집중 거주하던 조선족들은 베이징北京, 톈진天津 등의 중국 내 대도시, 산둥山東성 칭다오青岛, 옌타이烟台, 웨이하이威海 등의 연안도시 및 관광도시 등으로 대거 이동했어. 특히 1982년 중국 정부가 공식적으로 조선족의 한국 친척 방문을 허용했고, 1988년 서울 올림픽 이후 고향 방문, 취업, 유학 등의 목적으로 한국으로 대거 이동하기 시작하면서 한국 체류 조선족이 급증하게 되었지. 1992년 한·중 수교 이후에는 한국에 온 조선족이 더욱 많아졌어. 아마 누구나 한 번쯤은 우리나라에서 조선족을 만났을 테고, 어떤 사람은 조선족이 많이 모여 사는 동네를 가 본 적이 있을 거야. 아니면 중국에 여행을 갔을 때 조선족 가이드를 만난 적도 있을 거고. 2020년 기준으로 취업을 위해 한국에 들어와 살고 있는 조선족은 약 80만 명으로 수도권의 주요 도시 인구와 비슷한데 실제로 체류하고 있는 수까지 합하면 한국 내 조선족은 100만 명 이상일 것이라고 추측하고 있어.

상황이 이렇다 보니 중국에 남아 있는 조선족은 대부분 어린이와 노인들이어서 여러 가지 문제점이 있는 것도 사실이야. 예를 들어 출생률이 낮아지면서 동북 3성에 있는 조선족 소학교가 폐교되고, 조선족 학교가 있는 지역이 점점 없어지는 추세래. 어려서부터 조선어를 배우는 기회가 줄어들고 대신 중국어汉语만 접하게 되면서 조선어를 못하는 조선족이 늘고 있는 거야. 조선어가 뭐냐고? 조선족이 사용하는 우리말을 중국에서는 '조선어'라고 불러. 중국 정부가 소수민족에게 실시하는 정책 중의 하나가 언어, 문자 등 소수민족의 고유한 문화를 인정하는 건데, 조선족은 전통적으로 교육을 매우 중시하기 때문에 교육 수준이 중국 내 모든 민족 중 최상위권이거든. 조선족이 제일 많이 모여 살고 있는 옌볜에는 옌볜대학교도 있고, 우리의 전통문화가 잘 보존되어 있어. 옌볜에 가면 많은 간판이 한글로 되어 있고, 중국어는 한글

250

2000년대 연변지역 조선족 주거형태(출처 위키미디어)

아래 조그맣게 쓰여 있어서 여기가 중국인지, 한국인지 헷갈릴 정도야. 우리나라처럼 김장도 하고, 우리나라 TV 방송도 실시간으로 볼 수 있고, 집에는 온돌이 있고, 떡이나 순대, 고추장, 된장 같은 우리나라 음식을 먹고, 한복을 입는 등 우리나라의 고유한 전통문화를 지키며 살아가고 있어.

중국 조선족의 한국 유입은 1990년대 탈냉전과 함께 다문화 사회의 가능성을 시사하고 있어. 또한 1990년대 들어 재외국민에 대한 정부 측 관심이 높아지면서 그동안 재외동포에 대해 관심이 부족했던 점을 반성하게 되었어. 그리고 중국 조선족을 포함한 외국인 노동자의 국내 진출은 우리나라 사회의 문화적 관용성 부족이나 차별의식의 문제점을 드러내기도 했어. 특히 우리나라 사람들은 중국 조선족에 대한 오해와 편견을 가지고 있다고 생각해. 그 이유는 조선족은 엄연한 중국인인데도 우리와 같은 한국인이라고 생각하기 때문이야. 중화인민공화국의 인민으로서 중국 한족과 함께 살아온 그들을 한국 사람이라고 여기는 것 자체가 잘못인 거지. 그들은 중국인인 동시에 우리 민족과 같은 언어를 쓰는 한 핏줄이라는 두 가지 사실을 우리가 인정해야 해. 조선족은 한국과 중국을 잇는 다리 역할을 하는 숙명적인 존재야. 양국의 문화를 공유하는 장점을 갖고 있기 때문이지. 이는 곧 세계의 공장이자 글로벌 시장인 중국 대륙에 한국이 진출하고, 양국 간 교류를 활성화하는 데에 어느 나라도 갖고 있지 못한 무기를 우리나라만 보유하고 있다는 말이지.

끝으로 우리와 뿌리가 같은 그들의 명칭이 왜 '조선족'인지 알아볼까? 우리나라가 조선시대였던 19세기 중엽 이후부터 일제 강점기를 거치면서 여러 가지 이유 때문에 약 100만 명이나 되는 조선사람들이 중국 만주지역으로 이주했어. 이들 중 1945년 일본 패망 이후 절반에 해당하는 사람들이 귀국하지 못한 채 만주지역에 살게 되었지. 그리고 1949년 중화인민공화국이 성립되자 중국 내 소수민족으로서 명칭이 자연스럽게 '조선족'으로 정해진 거야.

중국을 알자　38

메이드 인 차이나,
관점을 바꿀 때

2007년 여름 '메이드 인 차이나 없이 살아보기'란 한·미·일 공동 프로젝트 TV 프로그램이 화제가 된 적이 있어. 한·미·일 3개국의 평범한 가정에서 한 달 동안 중국산 제품을 쓰지 않고 살아가기에 도전하는 모습을 담은 프로그램이었지. 그 결과는 참혹했어. TV나 가전제품 사용은 물론 찜통더위에 에어컨조차 틀 수 없어서 처절하게 하루하루 버텨야 했지. 더구나 비 오는 날 중국산 아닌 우산이 없어 세탁소 비닐을 쓰고 다녀야 했고. 집안 물건 가운데 70~80%를 중국산 제품이 차지한 현실에서 세 나라 가정은 원시 시대에 버금가는 삶을 살아야 했어.

이처럼 중국은 중국산 제품으로 전 세계 시장을 장악하고 있고, '세계의 공장'이라 일컬을 정도가 되었지. 지금 우리가 먹고 쓰고 입는 생활용품 중에 중국산이 아닌 제품 찾기가 쉽지 않잖아. 이렇듯 대부분의 사람들이 일상생활 곳곳에서 중국산 소비재를 쓰고는 있지만, '메이드 인 차이나' 제품에 대한 오해나 편견은 여전히 가지고 있는 거 같아. 보통 중국산 제품하면 '저가·저품질의 싸구려'라는 이미지를 떠올리잖아. 게다가 중국산 제품은 가짜·짝퉁의 대명사가 됐고, 제품의 질에 대해 비난과 조롱을 받기 일쑤야. 사람들은 마치 막장 드라마를 보는 것처럼 욕하면서도 중국산 제품을 쓰지 않을 수 없게 된 거지.

하지만 저가 이미지로 얼룩졌던 중국산 제품이 달라지고 있어. 이제 중국은 생산력뿐 아니라 기술력까지 갖추면서 세계 시장을 뒤흔들고 있지. 다시 말해 중국 정부가 중국산 소비재 품질을 국제적 수준으로 끌어올리는 질적 성장을 도모하기 시작한 거야. 중국은 세계 1위의 외환보유국인데다 적극적인 해외 기업 M&A인수합병를 통해 독자적인 기술 및 특허를 가지게 되었어. 저렴한 가격으로 해외에 수출해 번 외화를 기술과 융합함으로써 인공지능과 로봇기술·생명과학이 주도하는 4차 산업혁명을 선도할 핵심 산업 양성에 집중하고 있지.

중국은 지난 2015년 '메이드 인 차이나 2025' 계획을 통해 제조업 혁신을 시작했어. 인터넷과 제조업을 결합해 전자상거래와 빅데이터 등을 활성화하고, 이를 통해서 핵심 분야의 경쟁력을 높이겠다는 생각이야. 최근 이 프로젝트의 일환으로 독일과 손잡고 4차 산업 전반에서 기술 및 생산을 공유하는 전략적 협의를 체결하기도 했어.

최근 시진핑 중국 국가주석은 글로벌 경제의 핵심 분야로 과학기술 분야를 주목하고 있어. 그래서인지 궤도 교통 장비, 첨단 선박과 해양 공정 설비, 스마트 로봇, 스마트 자동차, 현대 농기계, 첨단 의료기기 및 의약품, 스마트 신소재 제조업, 중대 기술 장비 등 제조업 아홉 개 분야를 집중 육성하여 제조업 대국에서 제조업 강국으로 변하겠다는 포부를 밝혔어. 만약 이 계획이 성공한다면 중국은 '베끼기 공장'이라는 이미지에서 벗어나 진정한 제조업 강국으로 우뚝 설 수 있을 거야.

'메이드 인 차이나 2025'와 적극적인 R&D연구개발 투자 덕분에 스마트폰·자동차·드론 등이 국제 시장에서 뜨고 있지. 미국 시장조사기관 카운터포인트가 발표한 2017년 1분기 글로벌 스마트폰 출하량에 따르면, 전 세계 스마트폰 점유율 1~5위 가운데 세 개 업체가 중국 브랜드였어. 그리고 '대륙의 실수'라는 별명이 붙은 샤오미의 스마트폰 배터리와 체중계·USB 선풍기·공기청정기 등은 우리나라에서까지 선풍적인 인기를 끌고 있잖아.

우리나라도 점차 중국산 제품에 대한 편견이 깨지기 시작한 거 같아. 중국 드론의 경우 세계 드론 시장의 90%를 차지하고 있고, '산업의 꽃'이라 불리는 자동차도 꾸준히 해외 시장에서 높은 점유율을 보이고 있지.

이제 더 이상 메이드 인 차이나 제품을 가짜와 짝퉁으로 얼룩진 조악한 제품으로 치부할 수 없게 되었어. 중국 시장의 탄탄한 수요를 바탕으로 중국 기업들이 무섭게 치고 올라오고 있기 때문이야. 탄탄한 시장과 막대한 자본을 움켜쥔

것도 모자라 세계 2대 강국G2으로서의 국력에 독자적인 자체 기술력까지 갖추고 있으니, 고래 싸움에 새우 등 터지지 않으려면 우린 더욱 긴장해야 해. 미래 산업 분야에 대한 각국의 주도권 다툼은 앞으로 더욱 치열해지겠지.

중국을 알자 39

결혼, 빚잔치 아닌
기쁨 잔치 되길

옛날 중국사람들은 전통 의식 중 출생·사망·결혼, 이 세 가지 의식을 가장 중요하게 여겼어. 당시 사회 통념상 황혼 무렵이 길한 때라고 여겨서 이 시간에 결혼식을 올렸고, 우리가 쓰는 '婚礼혼례'라는 단어는 황혼 무렵에 치러졌던 예식이라고 해서 원래 '昏礼혼례'라고 부르다가 점차 '婚礼혼례'로 쓰게 된 거야. 환갑이라면 몰라도 혼례에 황혼 혼昏 자를 썼다는 게 우리 정서로는 좀 낯설지?

아무튼, 전통 혼례에는 신랑·신부 예복은 물론 집안을 온통 붉은색으로 장식하는 관습이 있어. 중국사람들은 붉은색을 길한 색으로 여기며 자신에게 부와 행운을 가져다준다고 믿고 있으니까. 그래서 붉은 황혼을 볼 수 있는 황혼 무렵에 결혼식도 올린 거겠지. 지금도 중국사람들은 붉은색을 매우 좋아해서 생활 곳곳에 쓰고 있어.

옛날에는 중국인들도 우리나라처럼 대부분 중매결혼을 했어. 태어나고 죽는 것은 마음대로 못해도 결혼은 자기 마음대로 할 수 있는 문제인데, 옛날 사람들은 그조차 자기 뜻대로 못했으니 안타까운 일이지. 신랑·신부가 서로 얼굴도 모른 채 혼례를 올렸으니 말이야. 육례六禮라는 엄격하고도 까다로운 절차에 따라 전통 혼례식을 올리는 동안 신부는 얼굴을 붉은 수건으로 가리고 있어야 했거든. 결혼식이 끝난 뒤에야 신방에서 두 사람이 처음 얼굴을 마주하게 되었고.

요즘은 우리나라처럼 중국도 연애결혼을 많이 해. 전통 혼례식으로 결혼하는 사람들은 극히 드물지. 서양 문화의 영향을 받아서 중국 결혼식도 서양 문화가 많이 섞이게 된 거야. 굳이 우리와 크게 다른 결혼 문화를 꼽자면, 먼저 법적 결혼 연령이야. 우리나라는 만 18세가 되면 부모 동의하에 혼인

신고가 가능하고, 만 19세가 되면 부모 동의 없이도 혼인신고가 가능한데, 중국은 남자는 22세, 여자는 20세가 되어야 합법적으로 결혼할 수 있어.

그 다음은 결혼식에 사용하는 시간이지. 우리가 보통 두세 시간이면 끝나는데 비해 중국은 거의 온종일 결혼식을 진행해. 결혼 당일 신랑이 신부의 집으로 가서 신부를 결혼식장으로 데리고 오는 풍습이 있어서야. 신랑이 신부를 결혼식장으로 데려갈 때에는 신부 친정 식구와 친구들에게 돈을 넣은 '훙빠오红包'라는 빨간 봉투를 건네야 돼. 우리나라의 함 문화와 비슷한 거지.

그렇게 신부 집을 떠나 신부를 차에 태우고 신랑 집이나 결혼식장으로 향하는데, 자동차는 웨딩 장식을 한 고급차를 준비해야 체면이 선다고 생각한대. 어느 나라나 허례허식은 있는 것 같아. 모양만 다를 뿐. 중국의 전통 혼례에선 신랑이 신부를 신랑 집으로 데려가면, 신부는 시부모에게 차 한 잔을 대접해 올려야 했대. 시부모님이 그 잔을 마시면 며느리로 인정한다는 뜻이었다는데, 요즘은 그 절차를 생략하고 바로 결혼식장으로 가는 경우도 많아. 땅이 워낙 넓다보니 결혼식을 두 번 하는 경우도 있고. 신랑과 신부가 사는 곳이 너무 멀리 떨어져 있는 경우 각각 자신의 고향에서 한 번씩 결혼식을 치르는 거지.

또 하나 다른 점은, 우리나라는 청첩장을 받아도 결혼 당사자에게 참석할지 말지를 알려줄 의무는 없잖아. 그런데 중국은 결혼식에 초대받으면 초청한 상대에게 반드시 참석 여부를 알려 줘야 해. 왜냐하면 결혼 당사자가 그에 맞춰 하객 테이블을 마련해 놓기 때문에. 간다고 말하고 실제로 가지 않으면 큰 실례야. 요즘은 우리나라도 초대에 응할 건지 말지에 대해 답을 구하는 경우도 늘더라마는. 한편 중국 젊은이들도 우리 젊은이들처럼 종이 청첩장 대신에 스마트폰 청첩장을 제작해서 결혼식을 지인들에게 알려. 심지어 축의금도 스마트폰으로 전달하는 방식이 유행하고 있으니 시대의 변화는 어쩔 수 없나 봐.

하객들이 앉는 테이블에는 술·담배·음료·결혼 사탕 등을 준비해서 세팅하지. '시탕喜糖'이라는 글자가 붙어 있는 결혼 사탕은 기쁘고 축하한다는 뜻을 담고 있어. 결혼은 기쁜 일喜事이기 때문에 시탕이라는 사탕 겉면에 '囍쌍 희'가 인쇄

되어 있지. 결혼식장과 신혼집에도 '囍'라는 글자를 붉은 종이로 장식해 놓기도 하고.

  중국사람들은 붉은색을 좋아하기 때문에 축의금도 붉은 봉투인 홍빠오에 담아서 줘. 우리나라 관습대로 흰 봉투에 축의금을 넣어서 주면 절대 안 돼. 절대! 중국에서는 장례식장에 갈 때 조의금을 흰 봉투에 넣거든. 또 중국인들은 짝수를 좋아하기 때문에 축의금도 보통 짝수의 숫자로 내는데, 특히 숫자 '8'을 좋아해서 이에 맞춰서 8단위로 봉투에 넣지. 예를 들면 중국 위안화로 888위안, 1,888위안, 2,888위안 등등. 1,888위안이면 한화로 약 32만 원이니까 꽤 많은 돈을

'囍(쌍 희)'자가 들어 있는 결혼 만화 그림

축의금으로 내는 거야. 어떤 중국인은 자기 월급의 3분의 1이나 2분의 1에 해당하는 금액을 무리하게 축의금으로 내는 경우도 있대.

결혼비용이나 축의금에 과도하게 돈을 쓰는 이유는, 중국 사람들이 체면을 중요하게 생각하기 때문이야. 특히 바링허우의 부모들은 외동 자녀의 평생 한 번뿐인 결혼을 위해 돈을 아끼지 않고 과감하게 투자해. 결혼식이 곧 자기와 집안 체면을 나타내는 것이라 여겨서 결혼식 규모에 상당히 민감한 편이지.

앞에서도 언급했듯이 고급 외제차를 웨딩 카로 많이 사용하고. 결혼식을 올리기까지 드는 비용은 집값과 신혼여행 비용을 제외하더라도 한화로 약 3,000만 원이 넘어. 체면을 매우 중시해서 혼례식을 가급적 성대하게 치르고 싶어 하니까. 집값까지 합하면 소득에 비해 턱없이 비싼 결혼 비용 때문에 중국 남자들은 결혼할 엄두를 못 낼 정도야.

중국에서는 관례적으로 남자가 신혼집과 결혼 비용 전체를 부담해야 하거든. 이런 이유로 중국 내에서도 과도한 결혼비용을 사회 문제로 인식하고 개선하려고 노력하는 사람들이 많아. 신혼여행을 생략하거나 합동결혼식을 올려서 비용을 아끼려고 하는 사람들도 종종 있고. 요즘은 중국 집값이 너무 올라서 남자와 여자가 함께 대출받는 경우도 있대. 결혼의 참된 의미를 생각하면서 합리적이고 소박하게 결혼식을 준비하면 좋겠지? 결혼식이 빚잔치가 아닌 기쁨의 잔치가 될 수 있도록 말이야.

중국을 알자 40

한복 VS. 치파오

설빔으로 주로 입던 한복. 이젠 일상생활에서 입는 경우는 드물고, 명절이나 결혼식 등 중요한 행사가 있는 날에만 입는 옷이 되었잖아? 중국에서도 전통 의상인 치파오旗袍를 평소에 입는 사람들은 보기 힘들어. 중국인들도 중요한 행사가 있을 때에나 홍보용으로만 입지.

치파오는 차이나 칼라라고도 부르는 높은 옷깃, 깊게 파인 치마의 옆트임slit, 몸의 라인을 드러내는 딱 붙은 스타일이 특징이야. 한복이 오랜 세월에 걸쳐 변형되어 지금에 이른 것처럼 치파오도 시대에 따라 조금씩 복식의 디자인이 달라졌지. 그런데 치파오는 온전한 중국의 전통 의상으로 보기에 힘든 점이 있어. 원래 치파오는 중국인들이 정통 민족으로 여기는 한족의 고유한 전통 의상이 아니거든.

치파오는 한족이 아닌 소수민족 중 하나인 만족이 입었던 창파오長袍라는 옷에서 유래했어. 만족은 북방 유목민족이라 말을 탈 일이 많았기 때문에 기마에 편하도록 자연스럽게 옷에 옆트임을 했다고 해. 만족은 남녀 모두 창파오를 입었고 안에 바지도 함께 입었어. 지금과 달리 옷의 길이도 발목을 넘을 정도로 긴 편이었고.

그러다가 치파오 디자인에 변화가 시작된 건 청나라 말기부터 중화민국 시절에 서양으로부터 외래 문물이 유입되면서부터야. 서양 의복의 영향을 받아 치파오 디자인도 지금과 비슷한 모양으로 바뀐 거지. 1920년대엔 상하이를 중심으로 고혹적 분위기를 강조한 개량형 치파오가 유행하기 시작했어. 반소매나 민소매 스타일의 치파오는 신해혁명 이후 생겨난 거고, 1920년대부터 치파오는 여성 전용 의상으로 변화하며 보편화되었지.

치파오는 입으면 몸매 라인이 다 드러나잖아. 1972년 미·중 정상회담 때 리처드 닉슨 대통령의 부인 팻 여사가 "중국에 왜 인구가 많은지 알겠다."고 말했다는 설이 있기도 할 정도야. 2008년 베이징 올림픽에 이어 2010년 광저우 아시아경기에서도 시상식 도우미가 치파오를 입어서 세계의 이목을 집중시켰지.

치파오가 중국 전통 의상으로 유명하지만, 사실 당나라 때 입었던 탕푸唐服나 명나라 때 입었던 밍푸明服가 한족의 전통 의상에 가까워. 이 탕푸와 밍푸를 통틀어 한푸汉服라고 하는데, 어떤 중국인들은 치파오 대신에 일부러 한푸汉服를 전통 의상으로 강조하기도 해.

그럼에도 불구하고 대다수 중국사람들은 치파오라 하면 단정·우아·지성미를 갖춘 여성 외교의 복장이라고 생각해. 현재 중국의 퍼스트 레이디인 펑리위안彭丽媛은 해외 순방이나 국빈 만찬에 참가할 때면, 모던하면서도 정숙한 치파오 차림으로 등장해서 장안의 화제를 모으고 있어. 중국 전통 의상의 맵시를 전 세계에 홍보한 셈이지. 펑리위안의 치파오 패션이 중국 국내외 패션계에 미치는 파급효과도 클 거야.

어쨌든 패션은 문화 콘텐츠를 넘어 산업적 측면에서도 중요하잖아. 우리나라도 유능한 디자이너들이 한복의 전통미를 살린 옷을 세계무대에 선보이며 우리 고유의 의복 문화를 알리고 있지. 옷이 날개라는데, 한복 날개 달고 세계를 날아볼까?

청조 때의 치파오

중국을 알자 41

권장하던 춤이
제지하는 춤이 될 줄이야

아침이나 저녁 무렵 중국의 공원에 가면 다양한 여가생활을 즐기는 사람들을 만날 수 있어. 이곳저곳 구경하고 있노라면 중국사람들이 만들어 내는 종합예술 공연을 보고 있는 느낌이랄까. 이쪽에서는 태극권을 하고 저쪽에서는 얼후 악기를 연주하고, 한쪽에서는 단체로 춤을 추고 다른 한쪽에서는 장기를 두거나 마작 게임을 하기도 하고. 다채로운 진풍경이 펼쳐지지. 친근한 이웃 주민이 선보이는 일상 속 버스킹 공연을 감상하는 기분마저 들기도 해.

이 중에서 눈길을 사로잡는 광경은 바로 광장무广场舞라는 거야. 이름 그대로 광장에서 추는 춤이지. 중국에서는 흔히 볼 수 있는 모습인데, 공원이나 공터 등 빈 공간만 있으면 사람들이 삼삼오오 모여서 함께 춤을 춰. 남의 시선을 신경 쓰지 않고 여유로운 표정으로 음악에 맞춰 즐겁게 춤을 추는 모습이 처음에는 신기하더라고. 중국사람들도 우리나라 사람들처럼 흥이 넘치는 민족인가 봐.

광장무는 혼자 추는 춤에서부터 여럿이 짝을 이루어서 추는 춤까지 그 종류가 다양하지만, 보통 40~50대 아주머니들이 모여 군무를 추지. 1949년 이후 공산당이 민중문화 전파와 건강단련의 목적으로 광장무를 권장했고, 1990년대부터는 각 지방 정부가 문화광장을 조성하면서 장·노년층의 광장무 열풍이 불었어. 오랫동안 중국사람들의 사랑을 한 몸에 받아왔던 광장무는 지금 중국사람들의 일상에 활력소 역할을 톡톡히 하고 있지.

광장무를 즐기는 사람이 전국적으로 1억 명 정도나 된다고 하니 그 열기를 짐작할 만하지? 광장무가 유행하는 이유는 아마도 누구나 손쉽게 배울 수 있고, 춤이 특별히 복잡하거나 힘들지 않다는 것 때문일 거야. 게다가 2008년 베이징 올림픽부터 고조된 건강에 대한 관심도 한몫 단단히 했고. 일이나 여가활동이 부족한 50~60대 장·노년층들이 주로 광장무를 취미 삼아 여가생활을 보내고 있지.

이렇게 많은 사랑을 받다 보니 유행하는 노래에 맞춰서 새로운 춤을 선보이기도 하고 각종 대회를 열기도 해. 세계 최대 규모 광장무가 기네스북에 등재되어 있는 건 앞에서 이야기했지? 빨간색 단체복을 맞춰 입은 참가자들은 '중국판 강남 스타일'로 알려진 〈샤오핑궈 小苹果, 작은 사과〉라는 음악에 맞춰 신나게 춤을 추었어.

광장무를 추는 모습

외국인들에게는 독특하고 신선한 광장무라지만 중국 내부에서는 이 문제로 좀 시끌시끌해. 춤을 추는 광장이나 공원은 보통 주거 지역 인근이라 쿵작쿵작 큰 소리의 음악이 인근 주민의 일상을 방해할 수 있잖아. 여러 사람들이 스피커 볼륨을 높이 틀어놓고 춤을 추다 보니, 인근 학교 수업이 방해를 받거나 주민들이 소음에 시달리는 경우가 잦을 수밖에 없어. 이른 새벽이나 늦은 밤엔 일부 거리를 차지하고 춤을 추는 경우도 있어서, 다른 사람들과 마찰을 빚기도 하지.

특히 최근 들어선 공원이나 광장에서 가벼운 운동이나 산책을 즐기려는 젊은 사람들과 광장무를 추려는 장·노년층 사이의 갈등이 깊어지고 있어. 그래서 이웃에게 피해를 주는 광장무 자체를 제한해야 한다는 목소리가 높아지고 있고. 중국 정부 차원에서도 광장무에 대해서 엄격한 잣대를 들이대고 처벌 수위를 강화하려는 움직임도 보여. 허난성 쉬창에서는 2020년 12월 2일부터 저녁 9시 이후의 광장무를 출 경우 벌금을 부과하기로 했고, 창사, 청두, 광저우, 창춘 등지에서는 광장무를 출 수 있는 시간을 제한하는 규정을 만들었어.

그렇다고 광장무의 열기가 쉽게 식지는 않을 거야. 사실 지금까지 중국 정부에서 사회통합을 명분 삼아 광장무를 권장해왔었거든. 게다가 광장무와 관련된 옷·신발·스피커 등 관련 용품의 시장규모가 이미 수천 억 원대에 이른 것도 무시할 수 없는 현실이야. 광장무 동작을 알려주는 온라인 강좌나 스마트폰 앱도 인기가 높고.

우려의 목소리를 이해 못하는 건 아니지만, 광장무를 무조건 비난하기 보다는 긍정적인 방향으로 개선해 나가면 좋을 거 같아. 아직도 대다수의 사람들이 아침저녁으로 모여 음악을 틀어놓고 즐겁게 춤을 추는 이 전통은, 고령화 시대에 노년층이 크게 돈을 들이지 않고 건강하게 여가생활을 즐길 수 있는 좋은 수단이니까. 세대 갈등과 고령화 사회라는 문제를 중국은 어떻게 조율하며 풀어나갈지 궁금하다.

중국을 알자 42

중국 황실의 반려견은?

예전엔 집에서 기르는 강아지를 애완견이라고 불렀는데, 지금은 점차 반려견이란 말로 바뀌어 가는 추세야. 그만큼 개는 이미 사람들과 함께 살아가는 존재가 된 거지. 우리나라에는 진돗개, 풍산개, 삽살개, 경주개동경, 댕견, 제주견 등 다양한 토종견이 있어.

그렇다면 중국의 토종견에는 어떤 품종들이 있을까? 중국의 대표적인 개라고 하면 보통 사람들이 차우차우松狮犬를 많이 떠올려. 외모는 이름에 '사자 사狮' 자가 있는 것처럼 언뜻 보면 아기 사자를 닮았지. 양쪽 눈이 처져 있어서 용맹한 사자보다는 귀여운 사자 느낌이랄까? 차우차우의 몸집은 다부지고 털이 복슬복슬 많으며 길어. 차우차우 혀 본 적 있어? 보라색 혀가 특징이고 뒤뚱뒤뚱 걸어 다녀 정말 귀여워. 그렇다고 함부로 만지면 안 돼. 귀엽고 깜찍한 외모와 달리 의외로 타인에 대해 경계심이 심하고, 한때는 투견으로 이용되기도 했을 정도로 용맹스러운 개니까.

우리 상식과는 달리 사실 중국을 상징하는 개는 페키니즈京巴犬, Pekingese야. 티베트 수도승인 달라이 라마에 의해 진시황제를 비롯한 역대 황제들에게 바쳐진 견종으로 황실에서 사랑을 한 몸에 받았어. 페키니즈는 사자를 닮은 외모에다가 더불어 악귀로부터 황실을 수호하는 이미지가 덧붙여졌어. 사람들로부터 사랑을 많이 받다 보니 애칭이나 별명도 꽤 많아. 소매에 넣어 다닐 수 있어서 '소매 개Sleeve Dog', 사자를 닮아서 '사자 개Lion Dog', 악귀를 쫓는 이미지에서 '귀신 쫓는 개' 등이 페키니즈에게 붙은 별명이야.

1860년 아편 전쟁에서 영국군에 패한 중국 황실은 페키니즈를 영국에 뺏기기 싫었어. 그래서 황제는 그토록 사랑하던

차우차우(松獅犬)

페키니즈(京巴犬, Pekingese)

시추쿠(西施犬)

샤페이(中国沙皮犬)

개를 모두 죽이라는 엄명을 내렸지. 하지만 누군가 차마 죽이지 못했던 다섯 마리의 페키니즈가 발견되었고, 영국군이 그 다섯 마리를 데리고 영국으로 귀국했어. 그때 데려갔던 페키니즈 중 한 마리가 빅토리아 여왕에게 바쳐졌고, 이때부터 서양 각국에 소개되며 알려진 거야. 예전 영어권에서는 중국 수도인 베이징을 'Peking페킹'이라 표기했었고, 페키니즈가 베이징을 상징하는 개라 하여 페키니즈라는 이름으로 불렸던 거야.

우리가 흔히 시추라고 하는 개는 시추쿠西施犬라는 발음대로 이름이 지어졌는데, 예전엔 '사자 개'로 불렸다고 해. 중국 황실에서 티베트의 라사압소를 들여와 페키니즈와 교배시켜 만들어낸 견종이라는 게 정설이야. 시추의 털은 길고 윤기가 흘러 아름답잖아. 게다가 성격도 온순해서 사람들에게 많이 사랑받고 있는 반려견이지.

그런데 시추를 키울 때 주의해야 할 점이 있어. 자존심이 강하기 때문에 명령조보다는 칭찬하면서 훈련시키는 게 더 효과적이래. 사람이나 개나 명령보다는 칭찬과 격려가 낫겠지. 시추는 긴 털을 자랑하기에 미용관리 또한 신경을 써야 해.

샤페이中国沙皮犬는 세계에서 인정하는 우수한 견종으로, '세상에서 가장 진귀한 개'라는 명목으로 기네스북에 오르기도 했어. 샤페이는 탐스러운 털이 아니라 쭈글쭈글 늘어나는 가죽을 가졌고, 차우차우와 마찬가지로 보라색 혀가 매력적이야. 주름은 태어날 때 온몸이 주름으로 덮여 있다가 크면서 등허리 일부만 남고 없어져. 눈은 여름철 주름 사이에 짓무름이 많이 생겨서 쌍꺼풀 수술을 시키기도 해. 인상은 순해 보이지만 사나운 맹견으로 집안에 다른 개가 있으면 싸움 상대를 골라 다투려고 한대. 집에서 다른 견종과 키우려면 이 점을 조심해야 할 듯해.

중국의 토종개들도 한번 키워보고 싶을 정도로 매력적이지? 환경과 문화가 다른 만큼 반려동물과 함께 살아가는 문화적 특성도 아마 다 다를 거야. 하지만 국경을 초월하여 사람이든 동물이든 생명에 대한 배려와 존중은 어디서나 추구해야 할 기본적인 가치라고 생각해. 모든 생명체와의 아름다운 동행을 위하여!

중국을 알자 43

공안은 기관인가, 직업인가

중국 관련 방송을 보거나 중국 여행을 가면 길거리에서 녹색 제복을 입은 사람들을 볼 수 있을 거야. 마치 군복 입은 군인처럼 보이는데 곳곳에서 많이 볼 수 있지. 한국 사람들은 녹색 제복 입은 것만 보고 그들을 군인이나 경찰로 착각하면서 '공안公安'이라고 부르는데, 그건 잘못된 명칭이야.

중국 공안은 국무원 직속 기관으로 성省급 행정기구에 공안청, 현县·시市급에 공안국, 그 하위 기구에는 공안 파출소를 두고 있어. 그리고 중국 경찰은 인민 경찰이라고도 하며,

인민 경찰은 공안기관·국가안전기관·인민법원·인민검찰원·감옥·노동교양관리기관에서 일하는 공무원이지. 그러니까 중국 공안은 정부 조직의 명칭이고, 중국 경찰은 직업 자체에 대한 명칭이야. 녹색 제복을 입은 사람을 공안이라고 하는 것은 정확하지 않아.

다른 나라들은 경찰이라는 명칭을 사용하고 굳이 공안 같은 부서 명칭을 따로 만들지 않잖아. 중국은 왜 헷갈리게 공안과 경찰의 명칭을 분리해서 사용할까? 그 답을 알려면 중국의 역사적 배경을 좀 이해할 필요가 있어.

중국 경찰복장을 한 만화 캐릭터

1927년 이후 중국 국민당과 공산당 사이에 두 차례의 내전이 있었어. 국공 내전이라고 하는데 중화인민공화국인 현 중국에서는 이 전쟁을 해방 전쟁이라고도 불러. 해방 전쟁 이후 공산당은 국민당이 사용했던 구시대적인 개념의 경찰 기관과 구분하려고 공안이라는 명칭을 사용하기 시작했어. 처음에 중국 경찰 조직인 공안은 군대에 버금가는 조직으로 탄생됐어. 중국공산당 초대 주석인 마오쩌둥은 중앙군사위원회 산하에 공안부를 두고, 1949년 11월부터 정식 업무를 시작하도록 만들었지.

지금도 중국 공안은 그야말로 막강한 권력을 가진 조직이야. 일반적인 범죄 예방과 단속은 물론 테러 방지, 탈북자 체포, 호적·신분증 및 외국인 거주 관리, 출입국 사무, 소방 업무 담당, 공공통신망 검열 및 제재 등 영향력을 행사하는 영역이 어마어마하게 넓어. 게다가 수사권은 물론 영장 없이 체포·구속할 수 있는 권한도 갖고 있고, 불심검문에 불응하면 바로 연행할 수도 있어. 심지어 공무집행 방해 시 발포 및 총살까지도 가능해. 우리나라의 검찰·경찰·국가정보원의 기능과 역할을 아우르고 있는 셈이지. 국무원의 여러 부처 중에서 공안부는 최고 권력기관 중 하나임에 틀림없어.

중국인들은 막강한 힘을 가진 공안을 권위적이고 위압적인 존재로 인식해 왔었어. 요즘 중국 경찰들은 이런 부정적인 이미지를 쇄신하기 위해서 노력하고 있고. 예전에 중국 경찰들은 대부분 공공장소에서 사람들을 감시하면서 고압적인 태도를 일관했었지. 하지만 최근엔 감시원의 역할에서 벗어나 길을 안내하거나 노약자의 짐을 들어주는 등 서비스 정신을 발휘하고 있어. 그 일환으로 중국 공안은 30개 항목의 '대국민 봉사 편의 조치'를 발표했는데, 경찰이 국민과 함께하겠다며 중국 경찰의 변신을 알리고자 한 거야.

주요 내용은 호적·교통·출입국·소방 등 일반인들의 생활과 밀접한 사항들이야. 우선 공안에서 담당하는 후커우戶口 정책의 변화를 눈여겨 볼 만해. 중국은 도시로 많은 인구가 유입되는 것을 막기 위해서 주민 소재지를 자유롭게 바꿀 수 없는 후커우 제도를 시행하고 있어. 자신의 주민 소재지를 바꾸려면 그 조건이 꽤나 까다로웠지. 그런데 그 정책에 변화가 생긴 거야. 일부 지방 대학생들에게 도시에서 졸업 후 후커우를 변경할 수 있도록 했어. 서부 낙후지역 대학생들은 졸업 후 베이징·상하이 등의 대도시 회사에 취직하면 대도시 시민이 될 수 있도록 했고. 반대로 전문 인력들이 지방 발령을 받아 옮겨가도 후커우는 그대로 대도시에 남길 수 있게 했어. 또한 지금까지는 운전면허증을 분실하면 30일 동안 면허증 발급을 제한했었지만 지금은 48시간 내 재발급이 가능해졌어. 그리고 시대 흐름에 발맞추어 인터넷 행정도 강화하고 있지.

 이렇게 중국 경찰들은 일반인들에게 친절하고 친근하게 다가가려고 노력하고 있는 중이야. '사람 위에 사람 없고 사람 밑에 사람 없다.'는 말이 전 세계에서 통하는 날 곧 오겠지?

중국을 알자 44

중국 학생들은 게임을 맘대로 할 수 없다고?

2021년 8월 30일, 중국 청소년들한테 마른하늘에 날벼락과도 같은 소식이 날아들었어. 바로 강화된 〈미성년자 온라인 게임중독 방지 관리법〉이 발표되었거든. 이 법은 '미성년자는 금요일, 토요일, 일요일과 법정공휴일의 저녁 8시부터 9시까지만 게임을 할 수 있다.'는 무시무시한 시간제한과 '온라인 게임 회원가입 및 로그인은 실명인증을 해야만 하며 이를 지키지 않는 회사는 법에 따라 엄중히 처리하겠다.'는 경고성 내용을 담고 있어. 중국의 청소년들이 이 소식을 접한 후 얼마나 상심했을지 상상이 되니? 2019년부터 발효 중이던 이전 법은 적어도 휴일에는 3시간, 평일에는 1.5시간까지 가능했는데, 이젠 아예 평일에는 접속조차 못하게 막는다니 게임을 좋아하는 친구들에게는 하늘이 무너지는 기분이었을 거야.

이 법이 발표되기 직전인 8월 초에 중국의 관영매체 신화통신의 자매지인 '경제참고보'에 '게임은 정신적 아편이다.'라는 충격적인 내용의 기사가 실렸어. 이 기사가 나고 나서 전 세계 게임회사들의 주가가 일제히 폭락했으니 말 다했지. 이 기사는 '어떠한 산업도 한 세대를 파괴하는 방식으로 발전하면 안 된다.'고 게임 산업을 비판하면서 '왕자영요王者榮

왕자영요 게임 플레이 장면

耀'라는 국민게임 2020년 일평균 유저수 1억 명을 저격했어. 핸드폰으로 플레이 가능한 중국판 LOL리그 오브 레전드이라고 하면 얼마나 매력적인지 느낌이 오지? 실제로 게임에 빠져 하루에 8시간이고 10시간이고 하는 친구들이 많았거든. 분명 평일 1시간 30분의 시간제한이 있었음에도 불구하고 부모님 신분증으로 게임을 로그인하는 등 불법적인 방법으로 게임을 하고 결제를 하는 등 많은 청소년들이 절제력을 잃었던 것은 분명해. 게임을 만든 회사인 텐센트腾讯는 이 기사 이후에 바로 12세 이하는 아이템 결제 불가, 미성년자 게임 시간 단축 등의 대책을 내놓기도 했지.

재미있는 점은 이 기사가 당일 오후에 중국 정부의 게임산업에 대한 입장과 일치하지 않는다며 삭제되었는데, 한 달도 안 되어 정부는 강력한 게임 규제를 발표했다는 거야. 청소년은 조국의 미래이므로 미성년자들의 심신건강을 보호하는 것이 무엇보다 중요하고, 게임회사들은 게임중독을 막아야 하는 주체이므로 사회의 공익을 우선시하고 책임을 져야한다는 발표와 함께 말이야.

그런데 더 놀라운 것은 중국은 학생들에게 공부도 하지 못하게 했어. 이게 무슨 소리인가 싶지? 바로 2021년 7월에 발표한 쌍감정책双减政策이라고 하는 〈사교육 부담과 숙제 부담 줄이기 정책〉인데, 공부를 하지 말라는 소리가 아니라 불필요한 공부를 너무 많이 시키지 말라는 거지. '게임을 하지 마라'와 '공부를 하지 마라', 얼핏 보면 전혀 반대되는 내용 같지만 목표는 같아. 청소년의 정신건강과 공익을 위해서. 대체 무슨 공부를 하면 안 되는 건지 쌍감정책의 내용을 간단히 살펴볼까?

사교육 관련
① 의무교육 학생을 대상으로 하는 (초등학생, 중학생) 교육의 경우 방학, 주말, 공휴일에 학교교과와 관련된 사교육 금지
② 방과 후 수업의 학원 광고 금지
③ 취학 전 아동을 대상으로 하는 학업관련 오프라인 수업 금지, 모든 온라인 수업 금지
④ 초, 중등 교과교습에 관련된 온라인 영상 업로드 불가
⑤ 신규 학원 개설 불가, 기존 학원도 일정 기준을 맞추지 못하면 영업 불가
⑥ 모든 학원은 비영리 기관으로 변경(학원 운영 수입을 개인이 갖지 못한다는 뜻)

학교 교육 관련

① 초1,2는 숙제 내주면 안 됨, 3-6학년은 평균 60분 이내에 성취 가능한 숙제만, 중학생은 90분 이내로 완료 가능한 양 제시.
② 학부모에게 과제를 내거나 숙제검사를 하게 하는 것 금지.
③ 방과후학교를 활성화 하고 온라인 무료 수업을 적극 개설할 수 있도록 함.
④ 교사의 외부 과외활동을 금하며 어길 시엔 교사자격 취소.
⑤ 임의로 수업시간을 조정해서는 안 되며 난이도를 높이거나 진도를 빠르게 해서도 안 됨.
⑥ 학생들의 시험 스트레스를 낮출 수 있는 방법 개선

출처《关于进一步减轻义务教育阶段学生作业负担和校外培训负担的意见》주요 내용 요약.

이 규제의 배경에는 두 가지 큰 목적이 있어. 첫째, 학교교육의 질을 높여 지역별, 학교별 교육격차를 줄이는 데 있지. 의무교육을 받는 모든 학생들이 비슷한 교육환경에서 학업의 과중한 부담과 부모의 경제적 부담 없이 공부하게 하고, 그 모든 역할을 사교육이 아닌 공교육에서 감당하겠다는 거야. 실제로 이 정책 이후에 방과후학교가 크게 늘었다고 하니 방향은 제대로 잡은 것 같아. 둘째, 최근 중국의 저출산 문제를 해결하기 위해서야. 저출산의 주요 원인 중 하나가 과도한 교육비 지출 부담 때문이라고 본 거지. 한국도 그렇지만 중국도 교육비가 많이 든다는 이유 하나만으로 아이를 안 낳는 것은 아닐 텐데, 많은 원인 중 하나라도 이렇게 차단을 하면 출산율을 높이는 데 도움이 된다고 생각한 거야.

그런데 이 쌍감정책은 중학교까지만 해당돼. 우리나라의 경우를 생각하면 고등학교의 사교육이 훨씬 심할 텐데 이상하지 않니?

중국은 대입시험高考만 있는 게 아니라 고입시험中考도 있어서 성적에 따라 고등학교를 골라서 가기 때문에 집에서 아주 먼 거리의 학교를 다니는 친구들도 많겠지? 그래서 대부분의 학교들은 기숙사를 운영하고, 집이 아주 가깝지 않으면 웬만해서는 기숙사 생활을 한다고 해. 왜냐하면 중국 고등학교 친구들의 하루 일과표는 한국의 기숙형 스파르타 학원이랑 비슷한 수준이거든. 공부 빡세게 시키기로 유명한 중국 중점 고등학교인 허베이 헝수이고등학교河北衡水中学의 2021년 고3 일과표를 들여다볼까?

고3의 하루 일과표			
5:30	기상, 세면	14:05~14:45	6교시
5:40	운동장 체조	14:55~15:35	7교시
6:00	아침독서	15:35~15:40	눈체조
6:30	아침식사	15:55~16:35	8교시
7:00	아침자습	16:45~17:25	9교시
7:45~8:25	1교시	17:35~18:15	10교시
8:35~9:15	2교시	18:15	저녁식사
9:25~10:05	3교시	18:50~19:10	뉴스청취
10:05~10:30	체조	19:15~20:00	야간자습1
10:30~11:10	4교시	20:10~20:55	야간자습2
11:20~12:00	5교시	21:05~21:50	야간자습3
12:00	점심식사	22:00	교실소등
12:40~13:50	점심휴식	22:10~	취침

 아무리 40분 수업이라지만 10교시라니 정말 너무 힘들 것 같지 않니? 또 학교마다 조금씩 차이가 있긴 하지만, 중국은 대부분의 학교들이 전교생 야간자율학습까지 진행하고 있어서 평일에는 학원은커녕 개인 여가시간조차 갖기가 어려워. 또 중국 고등학교는 주말에도 보충수업을 하고 있는 곳이 많아서 일요일 반나절 정도만 휴식하는 학교가 많대. 집에도 몇 주에 한번 갈 수 있는 마당에 학원 다닐 시간이 있겠어? 그래서 중국은 고등학생 대상 학원이 현저히 적으니 정부가 특별히 규제할 필요가 없는 거야.

그런데 위와 같은 일과표대로 생활하는 친구들은 잠이 부족해서 너무 힘들지 않겠어? 그래서 중국 교육부에서는 2021년 3월에 〈강화된 초·중·고등학생 수면관리 방안〉을 내놓았어. 초등학생은 21:20, 중학생은 22:00, 고등학생은 23:00 전에는 무조건 자야하고, 초등학생 10시간, 중학생 9시간, 고등학생 8시간의 수면시간이 확보되어야 한다는 내용이지. 그래서 2022년부터 위와 같은 시간표를 가진 학교는 수업시간을 통째로 바꾸게 될 거야. 6:30 전에 기상금지, 8시 이전에는 수업시작 금지 조항에 어긋나거든.

청소년의 수면은 건강에 중요한 영향을 미친다고 누구나 알고 있지만 핸드폰에 재미있는 게 너무 많은 건 한국이나 중국이나 마찬가지라 중국 친구들도 쉽게 잠들긴 어려울 것 같아. 이런 상황에 국가에서 나서서 잠자는 데 방해되는 것들을 없애고 학교 일정표까지 바꾸며 무조건 잘 수 있는 시간까지 만들어 준다니 감사한 일이겠지만 내 마음대로 게임도 할 수 있고, 학원도 다닐 수 있는 우리로선 이해하기 어려운 상황인 셈이지. 무엇을 하든 자율적 판단에 의한 자제력을 유지하는 게 중요하다고 생각해.

중국 음식은
기름덩어리라는 편견

식사를 준비하거나 외식하러 나가기조차 귀찮을 때 가장 먼저 떠오르는 건 배달 음식이야. 지금은 앱을 통해 주문만 하면 집까지 온갖 음식이 배달되니 선택의 폭이 넓어졌지만, 불과 얼마 전까지만 해도 짜장면 정도가 배달 음식을 대표했지.

배달 음식에 익숙해져서 혹시 우리나라 사람들의 입맛에 맞게 개발된 짜장면·짬뽕·탕수육 등이 중국 음식의 전부라고 생각하고 있는 건 아니지? 중국은 땅도 넓고 기후대도 다양해서 정말 다양한 식재료와 조리법이 있어. 지역별로 특색 있는 요리가 많은데, 기술적으로도 세분화되어 다양한 조리 기법이 존재해.

프랑스 요리, 터키 요리와 더불어 세계 3대 요리로 꼽히기도 하는 중국 요리는 지역별로 약 6만 여 가지의 요리가 있어. 하루에 열 가지씩 먹어도 16년 동안 먹어야 다 먹을 수 있는 숫자지. 중국 음식은 온갖 산해진미가 많아서, 중국인들이 평생 못 이루는 세 가지 소원 중 하나가 중국의 모든 요리를 맛보는 것이란 농담이 있을 정도야. 나머지 두 개는 중국의 모든 지역을 가보는 것과 중국의 모든 글자, 즉 한자를 다 아는 것이래.

아무래도 우리가 즐겨 먹는 중국 음식은 짜장면·짬뽕·탕수육 등 일부 음식으로 국한되어 있다 보니, 중국 음식에 대한 오해가 있는 것은 사실이야. 지금부터 중국 음식에 대한 오해를 조금 풀어 볼까 해.

사람들에게 중국 음식에 대한 부정적인 측면을 말하라고 하면, 가장 먼저 기름지다는 특성을 언급하지. 요즘 다이어트와 건강에 대한 관심이 높아지면서 기름진 요리라는 인식이 강한 중국 요리에 대한 거부감도 덩달아 높아지는 듯하고. '중국 음식은 기름으로 범벅된 음식이다?', 틀린 말은 아니야. 중국 요리의 기본은 불과 기름이거든.

중국 음식을 만들기 위해서는 기름 사용법을 모르고는 제대로 요리할 수가 없어. 음식을 볶거나 튀길 때뿐 아니라 데칠 때도 기름을 사용하고, 심지어 맛과 향을 낼 때도 기름을 사용하거든. 중국 음식은 우리가 흔히 알고 있는 고추기름 외에도 땅콩기름·유채기름·목화씨기름 등 식물성 기름을 주로 사용해. 그 식물성 기름이 중국 음식을 윤기 나게 하고 혀끝 느낌을 기름지게 하지. 실제로는 버터인 동물성 기름이 중심인 서양 음식보다 덜 기름지고 건강한 음식인데도 말이야.

조금 전에도 언급했지만 중국인들이 사용하는 기름의 쓰임새는 정말 다양해. 음식을 기름에 데치거나 튀기기 위해서 기름을 사용하기도 하지만, 향신료로서의 역할을 하는 기름이 있을 정도니까. 잠깐, 여기서 기름에 데친다는 말이 무슨 말이냐고? 중국 요리에서 데치는 기법은 100도 정도의 온도에서 재료를 익히는 방법인데, 조리 시간을 단축하거나 원래의 재료의 맛과 성분을 그대로 보존하기 위해서 사용해. 기름에 데친다면 칼로리가 높아지고 느끼할 것 같은 생각이 들지만, 대친다고 해서 칼로리가 그렇게 늘지는 않는다고 해.

혹시 '차이니즈 패러독스'라는 말 들어봤어? 기름진 음식을 많이 먹는 중국인이 날씬한 몸매를 유지하는 데다 심장병에 잘 걸리지 않는다는 사실 때문에 생긴 말이야. 중국 음식 대부분이 기름에 튀기고 볶아 먹는 음식이라면 중국인들은 다른 나라 사람들에 비해 건강이 나빠야 정상일 텐데, 오히려 그 반대거든. 세계보건기구WHO의 조사 결과에 따르면 최근 10년 간 세계 37개국 중에서 인구 10만 명당 심장병 발병률이 가장 낮은 나라가 중국이래. 전문가들은 그 비결로 중국 음식에 많이 들어간 양파를 주요 요인으로 꼽는다는군.

중국 요리 포스터

중국인들은 음식에 기름이 들어가지 않으면 맛과 향이 살지 않는다고 생각해서 기름진 음식을 많이 먹기는 하지만, 이 기름이 건강에 해롭거나 비만에 영향을 주는 거는 아니야. 식재료를 단시간에 기름에 볶아내는 중식의 대표 조리법은, 영양소 손실이 적고 살균 효과도 뛰어난 건강 조리법이라고 할 수 있어. 재료를 코팅하는 정도로 볶는다면 이해가 될까?

 음식이 건강에 해로운지 여부를 결정하는 것은 그 양에 달려 있는 것 같아. 지나치게 많이 먹으면 해롭겠지만, 중국 음식은 식물성 기름을 주로 사용하기 때문에 적당량을 섭취한다면 괜찮아. 중국 조리기구인 웍에 센 불로 볶아낸 중국 음식의 참맛을 다이어트와 건강 걱정 없이 즐겁고 편하게 음미해 봐.

중국을 알자 46

땅은 넓은데
모두 같은 표준시

중국의 서부에 위치한 우루무치 지역의 직장인들은 오전 10~11시 정도에 출근해. 중국은 베이징을 기준으로 단일 표준 시간대를 적용하고 있어서, 베이징으로부터 멀리 떨어진 이곳에서 정상적인 시차를 적용할 수 없기 때문이야. 따라서 베이징과 똑같이 오전 8~9시 정도로 출근시간을 정한다면 서쪽 끝에 사는 우루무치 사람들은 꼭두새벽에 집을 나서야 할 거야.

러시아나 미국과 같이 국토가 동서로 넓은 국가는 대부분 여러 개의 표준시를 사용해. 원래 중국은 면적 960만km²에 국토 면적 순위가 세계 4위로, 원칙대로 하면 다섯 개의 표준시를 사용하는 게 정상이야. 하지만 중국은 모든 지역에 동일하게 베이징과 가까운 동경 120°를 표준시로 정했어. 이는 동경 135°를 기준으로 하는 우리나라보다 한 시간 느린 시간대지.

일반적으로 각 나라는 GMT_{Greenwich mean time, 영국의 그리니치 천문대를 지나는 경도 0도의 그리니치 자오선을 기준으로 한 시간} 기준으로 경도 15도마다 한 시간 차이가 나는 표준시를 사용해. 하지만 정치적인 이유로 예외도 많아. 이는 근대 국민

중국의 시간대

국가 성립기에 두드러지게 나타난 현상이야.

예를 들어 인도는 영국 식민지에서 독립하면서 30분 엇박자를 뒀고, 네팔은 인접국가 인도에 예속되기 싫어서 인도보다 15분 빠른 표준시를 선택했어. 이란·미얀마·아프가니스탄처럼 강력한 중앙집권 국가도 국제 기준인 표준시 사용을 거부했어.

중국이 베이징 한 개의 표준시를 쓰는 것도 이와 비슷해. 그런데 지금과 달리 1912년 중화민국 시기에는 전국을 다섯 개의 시간대로 나눴어. 그러다가 1949년 중화인민공화국 수립 후에 신장·시장 지역을 제외하고 모든 도시는 표준시인 '베이징 시간北京時間'을 사용하기 시작한 거야. 그리고 1974년 중국 정부는 예외 없이 모든 지역을 베이징 시간으로 통일하지. 한때 전국인민대표대회 전인대에서 시차를 두자는 의견이 나오기도 했으나, 결국 표결까지 오르지는 못했어.

왜 중국은 여러 시차를 두지 않고 한 개의 표준시만 고수하는 걸까? 우선 건조한 사막과 초원으로 이루어진 서부 지역은 인구가 적고 경제력도 약해서 별도의 시차를 둘 필요가 없다고 중국 정부에서 판단했기 때문이야. 실제로 중국의 인구는 주로 동해안과 남동부 해안, 북동 내륙 지역에 밀집되어 분포하고 있고, 서부 및 남부의 고원 지역은 인구가 희박한 편이야. 서부 지역은 인구와 GDP 모두 적어서 별도의 시차를 둘 필요가 없다는 경제적 이유에서지.

그리고 국가 분열을 막고 통합을 위한 정치적 목적 때문이기도 해. 중국은 넓은 국토 면적에 다양한 민족으로 이루어진 다민족 국가잖아. 이러한 다양성이 공존하는데, 여러 개의 표준시를 사용한다면 정치적 혼란을 야기할 수도 있다고 생각한 거야.

중국 서부 지역에 사는 사람들은 일상생활을 하는 데 있어서 아마 많이 불편할 거야. 불편을 해소하기 위해 출근 시간을 두세 시간 늦춘 곳도 많지만, 우리나라 수능에 해당하는 1년에 한번뿐인 까오카오高考 당일은 이런 융통성을 발휘할 수 없으니, 힘들고 피곤하지. 지역은 달라도 모든 학생들이 동일한 시간에 시험을 봐야 공평하잖아. 어쩔 수 없이 서부 지역 학생들은 어두컴컴한 새벽부터 시험 준비를 위해 일어나야 할 테니까 얼마나 힘들겠어. 가산점이 주어지는 것도 아닐 테고. 쯧쯧.

중국을 알자 47

최고, 최대, 최장, 대륙 스케일

중국은 땅이 넓다 보니 국경을 맞대고 있는 나라도 많아. 북한·러시아·몽골·카자흐스탄·인도 등 총 14개 국가와 연결되어 있는 큰 나라이다 보니, 중국의 어떤 것을 비유할 때 흔히 앞에 '대륙'이라는 말을 붙이곤 해. 예를 들면, 중국에서 유명한 인기 스타는 '대륙의 별'이라고 불러. 중국의 통신 기기 및 소프트웨어 업체인 샤오미小米의 값 싸고 질 좋은 제품들을 가리켜 '대륙의 실수'라고도 하고.

이런 애칭들은 우리나라에서 부르는 말이지만 실제로 중

국인들은 자신이 천하의 중심이면서 중국 문화가 최고라고 하는 중화사상中华思想의 자부심을 갖고 있지. 그래서 식당 하나, 건물 하나를 지어도 앞 다퉈 중국 최고를 떠나서 세계 최고가 되도록 지으려고 하고.

그럼, 세계에서 최고를 자랑하는 중국의 건축물이나 문화유산은 뭐가 있을까? 가장 대표적인 것이 우리가 잘 아는 자금성이야. 설마 자금성을 우리나라의 중국 음식점으로 생각하는 건 아니겠지? 자금성은 중국말로 쯔진청紫禁城 또는 꾸궁故宫이라고 하는데, 동서로 753m, 남북으로 961m 크기이고, 총면적이 72만m²에 달하는 현존하는 세계 최대 규모의 황궁이야.

자금성 앞에 드넓게 펼쳐진 톈안먼 광장天安门广场은 또 어떻고. 동서 500m, 남북 880m로 100만 명의 집회를 한 번에 수용할 수 있는 총면적 44만m²의 세계 최대 광장이야. 1919년 중국 전역에서 일어난 반일反日 애국 운동인 5·4운동, 1949년 마오쩌둥의 중화인민공화국 수립 선포, 문화대혁명, 천안문 사태 등 굵직한 사건들이 벌어진 중국 근현대사의 상징적인 장소지.

세계에서 가장 높은 산이 에베레스트 산이잖아. 에베레스트 산은 네팔과 중국·티베트의 경계에 있는데, 그 높이가 무려 8,848m에 달한대. 세계 최고의 산까지 중국에 있다니, 중국인들이 최고·최대·최장을 자랑할 만하지. 인공물도 좀 볼까?

현재 세계에서 가장 높은 빌딩은 두바이에 있는 부르즈 칼리파Burj Khalifa로 828m야. 중국의 상하이 타워上海中心大厦는 632m여서 안타깝게 2위에 머무르고 있지만, 중국인들의 최고를 지향하는 성향상 곧 중국이 지구상에서 가장 높은 빌딩을 지을지도 모르지. 또한 상하이 타워 외에도 세계 4위는 톈진天津에 있는 골든 파이낸스센터高银金融117大厦로 596.5m, 5위는 선전深圳에 있는 핑안 국제금융센터平安国际金融中心로 592.5m, 8위는 광저우广州에 있는 CTF 금융센터周大福金融中心로 530m, 10위는 상하이 세계금융센터上海环球金融中心로 492m야.

세계에서 가장 높은 빌딩 순위 10위 안에 중국 내에 있는 것이 무려 다섯 개나 들어 있지. 한편 150m 이상 되는 고층건물 점유율 1위 도시는 홍콩이고 5위는 상하이인데, 이 또

한 10위 안에 중국의 도시가 다섯 개나 들어 있어. 하늘에 닿을 듯한 마천루는 한 나라의 경제력을 상징한다고 하는데, 이런 통계는 중국의 초고속 경제성장을 보여주는 좋은 자료가 되지.

이번엔 길이로 중국을 들여다보자. 우리에겐 양쯔 강으로 알려진 중국의 창장长江은 아시아에서 제일 긴 강인데, 총 길이가 6,300km래. 세계 1, 2위 자리를 아마존 강과 나일 강에 뺏겼으니, 최고를 좋아하는 중국인들 자존심이 좀 상했겠지? 그런데 중국인들은 아마존 강은 남미 7개국, 나일 강은 아프리카 9개국에 걸쳐 있는 반면, 장강은 중국만을 흐르고 있는 강이기에 실제로 세계에서 가장 긴 강이라고 해석하며 위안을 삼는대. 위에서 말한 에베레스트 산에 대한 해석과 차이가 있지? 이런 걸 중화사상이라고 하나 봐. 모든 상황이나 사태를 중국을 중심에 두고 해석하잖아.

그래도 뭔가 아쉬움이 있었나봐. 장강이 세계 최장이 아닌 걸 다리로 달래고자 했는지 2017년 12월에 세계에서 가장 긴 유리 다리를 허베이성河北省 홍야구红崖谷에 개통했어. 해발 218m에 길이가 중국 장자제张家界의 유리 다리보다도

50m 정도가 더 긴 488m나 되도록. 보기만 해도 아찔한데, 이런 걸 대륙의 스케일이라고 하나 봐.

상하이 타워(上海中心大厦)

중국을 알자 48

건전한 스포츠 게임, 마작

마작은 보통 네 사람이 상아나 동물의 뼈, 플라스틱 등으로 만들어진 136개의 패를 가지고 여러 모양으로 짝을 맞추며 승패를 겨루는 놀이야. 패가 화투나 포커에 비해 엄청 무겁고 입체적이지. 중국에서 시작된 놀이여서 용어는 모두 중국어로 불려. 중국에서는 '마작麻雀'을 보통 '마장麻将'이라고 하는데, '마작'중국어로는 참새라는 뜻은 패를 섞을 때의 소리가 마치 대나무 숲에서 참새 떼가 재잘거리는 소리를 닮았다고 해서 붙여진 이름이야.

마작을 하는 장면은 〈화양연화花样年华〉 같은 중국 영화에서도 많이 봤지? 중국인들에게 마작은 게임이라기보다 일상생활이라는 표현이 더 잘 어울리는 것 같아. 마작은 상대방보다 먼저 패를 맞추기 위해서 치밀한 전략을 세워야 할 뿐 아니라 상대방의 패를 예상하고 추리해야 되는데, 그러려면 버려진 패들과의 연관성을 짐작할 줄 알아야 돼. 집중력과 기억력·추리력·결단력·판단력 등이 향상되는 거지. 또 놀이의 승패가 우연과 기술의 적절한 조화에 의해서 이루어지고, 부정을 저지르기 어려운 점 등의 매력 때문에 중국이나 일본뿐 아니라 유럽과 미국에서도 폭넓은 인기를 누리고 있어.

그런데 왜 유독 우리나라에서는 마작의 인기가 없는 걸까? 도박이라는 인식이 강하고 어렵다는 선입견 때문인데, 외국에서는 마작을 스포츠 게임으로 인식하고 있을 만큼 충분히 건전한 게임이야. 몇 가지 기본적인 용어와 규칙만 이해하면 쉽고 재미있게 즐길 수 있고. 마작은 나라마다, 심지어 같은 나라 안에서도 지역에 따라 조금씩 다른 룰을 가지고 있어.

여러 가지 마작 룰 중에서 중국 마작은 일본 룰처럼 복잡한 점수 계산이 없고 족보도 쉽게 배울 수 있어서, 마작을 처

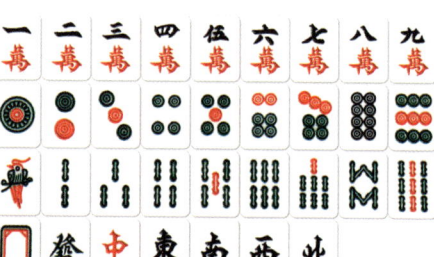

마작 패

万牌(wanpai) 4×9=36개

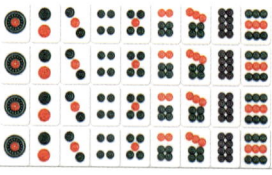

饼牌(bingpai) 4×9=36개

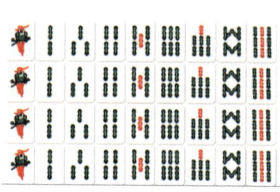

条牌(tiaopai) 4×9=36개

둥(东, dong), 난(南, nan), 시(西, xi), 베이(北, bei)
4×4=16개
쭝(中, zhong), 파(发, fa), 바이(白, bai)
3×4=12개

음 접하는 초보자들이 익히기에 제일 쉬워. 한번 도전해 볼래? 중국 마작 중에서 초기 베이징식 마작 룰에 바탕을 둔 기본 규칙을 가르쳐 줄 테니까.

전체 마작 패는 모두 136개로 구성되어 있는데, 크게 두 가지로 나눌 수 있어. 완파이万牌·빙파이饼牌·티아오파이条牌라고 하는 일반패가 108개, 쯔파이字牌라고 하는 글자패가 28개야.

마작은 세 사람이 할 수도 있지만 네 사람이 하는 것을 원칙으로 해. 모든 사람이 손에 13개의 패를 가지고 시작하는데, 선은 14개로 시작하고 '츠吃, chi', '펑碰, peng' 등의 방법을 통해 패를 맞추는 사람이 승리하는 게임이야.

츠吃, chi _ 먹다

- 같은 무늬 일반패의 연속된 수 3개를 나란히 모은 것
  (예) 123, 234, 345, 456, 567, 678, 789
       그러나 891식으로 1과 9는 연결할 수 없음.
- 자신의 바로 앞 사람(자신의 왼쪽 사람)이 낸 버림 패만을 취할 수 있음. 즉 자신의 차례일 때에만 취할 수 있음.(버림 패를 취할 때 "츠"이라고 외침.)
- 반드시 모든 사람이 볼 수 있도록 내려놓아 공개해 두어야 함.

펑碰, peng _ 만나다

- 동일한 마작 패 3개를 모은 것
- 자신의 순서와 상관없이 아무에게나 버림 패를 취할 수 있음.(버림 패를 취할 때 "펑"이라고 외침.)
- 게임 순서에서 건너뛰는 사람이 생기기도 함.
- 반드시 모든 사람이 볼 수 있도록 내려놓아 공개해 두어야 함.

자, 그럼 이제 본격적으로 마작을 시작해볼까?

1. 마작 성을 쌓자!

① 총 136개의 패를 보이지 않게 뒤집어 테이블에 올려놓고 네 명이서 같이 마작 패를 부딪치면서 섞어.

② 각자 자신의 앞에 2층으로 17개씩, 총 34개의 패를 쌓아 성벽 쌓기. 양 손으로 마작 패를 여섯 개, 여섯 개, 다섯 개씩 잡아 2층으로 모아서 정리하면 쉽고 빠르게

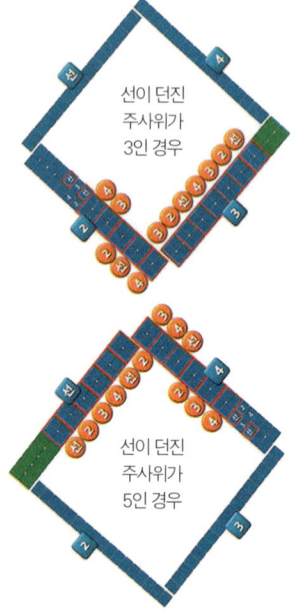

선이 던진 주사위가 3인 경우

선이 던진 주사위가 5인 경우

마작 성을 쌓을 수 있어.

③ 각 게임자는 각자가 만든 성벽의 양쪽 끝을 잡고 앞으로 밀어서 마름모 꼴 모양의 마작 성이 되도록 만들어.

2. 패를 나누자!

① **선東, Dealer 정하기** 각자 패를 나누기 위해서 첫 번째 해야 할 일은 선을 정하는 거야. 주사위를 던져 가장 큰 수가 나온 사람이 선이야.

② **패의 시작점 정하기** 패의 시작점을 정하기 위해 선은 주사위를 다시 한 번 던져. 선에서부터 시작해서 선이 던져서 나온 숫자만큼 시계 반대 방향으로 세어 멈춰.

③ **패 나누기** 멈춘 사람 앞의 마작 성 오른쪽 끝에서부터 주사위에 나온 숫자만큼의 패를 2층 째로 제외해.

④ **패 가져오기** 선부터 네 개씩 두 개×2층 시계 반대 방향 사람 순으로 마작 패를 가지고 오고 마작 패는 시계 방향, 다른 사람들도 차례로 네 개씩 패를 가지고 와. 이런 식으로 두 번을 더 가져오면 돼. 총 세 번

각자 열두 개의 패를 가진 상태에서 선은 위층에서 하나를

건너뛰고 두 개를 가지고 와서 열네 개를 갖고, 나머지 사람들은 한 개씩 더 가져와 열세 개를 가져.

3. 게임 시작!

① 마작 게임은 먼저 하나의 패를 마작 성 또는 타인의 버림 패에서 가져오고 불필요한 패를 하나 버리는 방식으로 진행돼.

② 선은 이미 다른 사람보다 마작 성에서 한 개의 패를 더 가져 왔기 때문에, 선이 먼저 자신의 패 하나를 버리는 것으로 게임이 시작돼.

③ 마작 게임은 츠吃, 펑碰을 이용한 네 개의 세트세 개×4세트 = 열두 개와 한 개의 짝將, 두 개×1짝 = 두 개을 제일 먼저 맞추는 사람이 승자가 되지.

④ 마작 패 열네 개를 다 맞추면 "후러和了"라고 외쳐.

완성된 마작 패

중국을 알자 49

술 한 말에 시 백 편, 중국의 술 문화

중국은 술酒의 고향이며 술 문화의 발원지라고 스스로 자부할 만큼 술에 대한 애정이 깊은 나라야. 두보杜甫의 표현대로 "술 한 말에 시 백 편"이 나오는 나라지. 이 표현의 주인공이 누군지는 짐작이 가지? '시선詩仙'으로 추앙받는 당나라의 대시인 이백李白이야. 이백은 자신을 '주선酒仙'이라 할 정도로 술을 제재로 노래한 시가 많아.

〈장진주將進酒〉에서는 "古来圣贤皆寂寞, 惟有饮者留其名 예로부터 성현들은 다 흔적 없이 사라져도, 오직 술꾼만이 그 이름을 남겼

다."라고 했고, 〈월하독작月下独酌〉에서는 "愁多酒虽少, 酒倾愁不来근심은 많고 술은 비록 적지만, 술을 기울이면 근심은 다시 오지 않는다네."라고 했으니, 이백이 얼마나 술을 좋아하고 사랑했는지 알겠지?

중국에는 "우 져우 뿌 청 옌无酒不成宴"이라는 속담이 있어. 이 말이 무슨 뜻인지 알아? 술이 없으면 연회가 되지 않는다는 말이야. 재미있지? 중국에서 술은 황제부터 백성에 이르기까지 많은 사랑을 받았고, 손님을 접대하는 자리에서는 절대 술이 빠지지 않아. 우리나라에는 우리나라의 술 문화가 있듯이 중국에도 중국의 술 문화가 있는 것은 당연하겠지? 로마에 가면 로마법을 따르랬다고, 중국에서 중국사람들과 술을 마실 때는 중국의 주도酒道를 따르는 것이 예의야. 그래야 술자리에서 실수하는 일이 없겠지. 그럼 중국의 술 문화는 우리나라와 어떻게 다른지 말해 줄까?

우선, 중국도 '찡져우敬酒'라고 해서 술자리에서 상대방에 대한 존경을 표시하기 위해 술을 따라 줘. 그런데 중국은 상대방에게 술을 따라 준 후에 보통 스스로 자기 잔을 채워. 우리나라는 상대방이 내게 술을 따라 주면, 보통 나도 상대방

잔을 채워 주는 것이 예의잖아. 우리나라에서는 자작하면 3년 간 재수가 없다고도 하며, 혼자 따라 마시면 잔을 채워 주지 않은 주위 사람들이 미안해하며 얼른 따라 주려고 하는데 말이야.

그리고 우리나라는 상대방 잔이 비어야 술을 따라 주잖아? 만약 내 잔이 남아 있는데 상대방이 술을 따라 주려고 하면 잔을 다 비우고 받기도 하고. 그런데 중국에서는 상대방의 술잔에 술이 얼마나 남아 있건 상관없이 계속 첨잔을 해서 상대방의 술잔이 항상 가득 차 있도록 하는 것이 손님을 존경한다는 뜻이야. 그리고 우리나라는 2차 이상의 술자리가 보편적이지만 중국의 술자리는 보통 1차에서 끝나.

이것뿐이 아니야. 우리나라에서는 연장자나 처음 만나는 사람들과 술을 마시면 고개를 돌려 술을 마심으로써 나보다 나이가 많거나 친하지 않은 사람에 대한 존경과 예의를 표시하는데, 중국에는 그런 관습이 전혀 없어. 역시 우리나라가 동방예의지국인 건 맞아. 그런데 우리나라처럼 중국도 연장자와 술잔을 부딪칠 때는 상대방 술잔보다 약간 낮은 위치에서 부딪치는 것이 예의야.

또 우리나라에서는 자기가 먼저 마셨던 잔으로 술을 권함으로써 서로에 대한 친밀감을 나타내기도 하지? 잔을 돌린다고 하잖아. 그러나 중국인들은 잔을 돌리지 않아. 그래서 중국사람들과 술을 마실 때 잔을 돌리면 실례가 될 수도 있어. 물론 우리나라도 위생 문제 때문에 이런 술 문화가 많이 없어지고는 있지. 그리고 술을 섞어 마시는, 일명 폭탄주가 중국에도 있을까? 중국에는 보통 중국술로 대표되는 바이져우白酒의 도수가 40~60도 정도로 높아서인지, '중국술은 명주名酒라 섞어 마실 수 없다.'는 중국인들의 자부심 때문인지 폭탄주라는 것이 없어.

아, 참. 우리나라 사람들이 중국술을 쉽게 '빼갈', '고량주'라고 하잖아. 왜 그런지 그 어원을 알아? 말이 나온 김에 간단히 소개해 줄게. 중국에는 두캉杜康이 처음으로 술을 빚었다는 전설이 있는 것으로 봐서 적어도 4,200여 년의 술 역사가 있어. 그만큼 술의 종류도 아주 많은데, 크게 바이져우白酒와 황져우黃酒로 나눌 수 있어. 바이져우는 우리나라 소주처럼 가열해서 증류시킨 술인데 그 색이 무색이어서 바이져우라고 해.

그게 바로 빠이갈白干儿이야. 수수, 즉 고량高粱으로 만들었다고 해서 흔히 가오량저우高粱酒라고도 하고. 마오타이저우茅台酒가 대표적인 바이저우인데, 그 술이 1915년에 샌프란시스코에서 열린 파나마 평화박람회에서 금메달을 수상하면서 세계적인 명성을 얻게 되었어. 프랑스 꼬냑, 스코틀랜드 스카치위스키와 함께 세계 3대 명주로 이름을 떨치고 있지. 1972년에 마오쩌둥 중국 국가 주석이 미국 닉슨 대통령과 함께한 만찬에서 마오타이저우로 접대를 하면서 더 유명해졌다고도 하고.

그리고 우리나라에서는 술 마실 때 "건배"라는 말을 별 뜻 없이 하는데, 중국에서는 "깐뻬이干杯"라고 하면 말 그대로 '마를 건干', '잔 배杯'자를 써서 잔을 완전히 비우라는 뜻이기 때문에, 중국사람들이 "깐干"을 외치면 원샷을 하는 것이 예의야. 건배가 부담스러우면 각자 마시고 싶은 만큼만 마시자는 뜻에서 "쉐이이随意"라고 말하면 돼.

중국에서는 행사가 있거나 손님을 접대할 때 술로써 예의를 갖추고 서로 즐기며 함께 마시는 것을 좋아하지만, 술을 강요하지는 않기 때문에 정 마시지 못할 경우에는 사전에 운전을 한다거나 주량이 세지 않다고 말하면 되니까 술을 못 마셔도 걱정할 필요는 없어.

"술은 악마가 네 가지 동물의 피를 거름 삼아 빚어 인간에게 준 선물이기에 처음 마시기 시작할 때에는 양같이 온순하나, 더 마시면 사자처럼 사납게 되고, 조금 더 마시면 원숭이처럼 춤추거나 노래 부르며, 더 마시게 되면 결국 돼지처럼 추하게 된다."

탈무드의 술의 기원에 관한 글 중 하나야. 중국인은 술에 취해 실수하는 것을 몹시 싫어하고, 실제로 술에 취해 비틀거리는 사람을 구경하기 힘들어. 뭐든 지나치면 미치지 못함과 같은 법, 술도 적당히 마시는 게 좋겠지?

중국을 알자 50

미래투자, 상부상조
중국의 꽌시 문화

중국 특유의 꽌시 문화에 대해 한 번쯤은 들어봤지? '꽌시关系'란 한자 그대로 읽으면 '관계'라는 말이야. 꽌시는 중국 사회의 오래된 관행이지. 중국 사회를 흔히들 관계 중심의 사회라고 부르는 것을 보면 꽌시가 얼마나 중요한지 알 수 있지만, 꽌시를 한 마디로 정의하기는 어려워. 연줄이나 유대 관계, 네트워크 등이 뭉뚱그려진 것 정도로 이해하면 쉬울 거야.

꽌시를 인맥이라는 개념에 국한해서 이해하면 우리나라

의 학연·지연·혈연과 같은 일종의 '빽'이 되어 부정부패·편법·뒷돈 등이 통하는 부정적 관습이 되겠고, 지속적으로 호의와 도움을 주고받는 사람들 사이의 관계로 넓게 이해하면 인맥을 중시하는 중국 문화의 일부분이자 중국 사회를 유지시키는 좋은 도구가 되는 거지.

판시는 중국사람들에게 자신의 능력을 표현하는 중요한 수단이 되기도 해. 쉽게 말하면 미래를 위해 투자하는 것처럼, 현재 능력 있는 내가 누군가를 도와주면 언젠가는 그 사람이 자신에게 도움을 줄 거라고 기대하면서 관계를 맺는 거야.

거기에 한 가지 더 알아두어야 할 것은 판시의 이면에는 중국인들이 중요하게 생각하는 '몐즈面子'가 있다는 거야. 몐즈는 우리말로 '체면'이라는 뜻인데, 중국에는 '스 야오 몐즈 후어 써우쭈이死要面子活受罪, 체면을 위해 고통도 감수한다.'라는 말이 있을 정도로, 중국인은 체면을 아주 중요하게 생각하는 민족이거든. 예를 들어, 알고 지내는 중국인이 "어려운 일이 생기면 언제든 이야기해."라고 말했다면, 도움을 요청해도 돼. 반드시 도와줄 거니까. 왜냐고? 자기가 내뱉은 말에 대한 책임은 곧 자신의 체면과 연결되기 때문이지.

하지만 그에게 도움을 받았다고 해서 그것을 꼭 같은 수준으로 갚을 필요는 없어. 감사의 인사나 작은 성의로 그의 체면을 세워주기만 하면 돼. 그는 자신의 체면을 위해서나 아니면 중간에 자신의 꽌시로 이어진 중계자의 체면을 세워주기 위해서 선심을 베푼 것이니까. 이런 것도 일종의 꽌시야.

양날의 칼처럼 꽌시는 긍정적인 측면과 부정적인 측면을 모두 가지고 있어. 문제는 이 꽌시라는 것이 눈에 보이거나 만질 수 있는 것이 아니라서 이에 익숙하지 않은 외국인들 입장에서는 꽤나 불편하게 느껴진다는 거지. 하지만 중국 사회에선 대단히 중요한 부분이거든. 그러다 보니 중국에 진출한 기업이나 중국 관련 일을 하는 개인은 중국의 요직에 있는 사람이나 실무자와 꽌시를 맺으려고 무척 애를 쓰고 있어.

최근에는 꽌시를 신뢰와 같은 사회적 자본으로 해석하고자 하는 움직임도 있네. 사적인 신뢰에 기반한 공적 신뢰가 바탕이 될 때 비로소 사람들은 혈연이나 지연·학연에 얽매이지 않고 자신과 직접적인 연관이 없는 사람들과도 협력 관계를 맺게 되고, 이런 관계가 사회 전체의 발전으로 이어지게 되니까.

이런, 말이 너무 거창했지? 중국 드라마 〈참새麻雀〉에 이런 장면이 나와. "후샹 쳰 러 런칭, 하이 뿌 땅 훼이스, 나 차이 스 쯔지런互相欠了人情, 还不当回事, 那才是自己人, 서로 신세를 지고도 대수롭지 않게 여기면 그게 바로 한편(우리 편, 친구, 한 가족)이지." 라고. 꽌시는 맺기는 힘들지만 한번 맺어지면 서로에게 친밀감과 의리가 생기고, 상대방을 위해 희생까지도 할 수 있다는 거지.

반대로 관계가 나빠지면 회복하기는 어렵게 되겠지? 꽌시 자체를 목표로 하기보다 서로 도움을 주고받다 보면 자연스럽게 꽌시가 맺어질 거고, 체면을 중시하고 자신의 속내를 잘 드러내지 않는 중국사람들이지만 그들로부터 나중엔 '슝띠兄弟, 형제'라는 말도 들을 수 있을 거야.

혹시 "져우 펑 쯔지 치엔뻬이 사오, 화 뿌 터우지 빤쥐 뚜어酒逢知己千杯少, 话不投机半句多."라는 중국 속담 들어봤어? "나를 알아주는 친구와 함께라면 천 잔의 술도 아깝지 않지만, 말이 통하지 않는 사람에게는 반 마디 말도 아깝다."라는 뜻인데, 이 말만 봐도 중국인들이 얼마나 술과 사람과의 관계를 중요하게 생각하는지 알 수 있어.

 어른이 되어 중국 친구들과 술을 마시거나 중국 바이어나 중국 손님과 함께 하는 술자리가 있으면 이 중국 속담으로 멋지게 건배사 한 번 해봐. 아마 중국사람들이 호탕하게 웃으며 건배하자고 잔을 높이 들어 올릴 거야. 술자리 분위기는 더욱 화기애애해지겠지? 이런 것도 하나의 꽌시 맺기이고 꽌시 이어가기야.

중국을 알자 51

중국에선 열 발자국,
100m 갈 때마다
KFC나 맥도날드가 하나씩

맥도날드 햄버거 좋아해? 맥도날드McDonald's는 오늘날 120여 개국, 3만 5,000여 개의 매장을 확보하고 있는 세계 1위의 거대 패스트푸드점이야. 하루 평균 7,000만 명의 소비자가 맥도날드를 이용한다고 하니, 어마어마하지? 이렇게 전 세계인들에게 사랑받고 있는 맥도날드는 중국어로 '마이땅라오麦当劳'라고 해.

중국은 전 세계에서 맥도날드의 3대 시장이야. 1990년 선전에 제1호점이 생긴 것을 시작으로, 2017년 6월까지 중국 내륙에 2,500개의 매장이 넘었고, 향후 5년 내에 2,000개의 지점을 더 열겠다고 하니, 중국사람들의 맥도날드 사랑도 참 대단하지? 2017년 10월에는 맥도날드가 중국 회사명을 '찐꿍먼金拱门'으로 바꿨는데 '금색 아치문'이라는 뜻이야. 이름 어때? 맥도날드의 로고인 'M'자를 따 만든 명칭인데, 중국 네티즌들의 반응은 싸늘했고, 아직까지도 마이땅라오라고 그대로 쓰고 있는 걸 봐서는 개명은 실패한 것 같아. 어쨌든 맥도날드의 회사명 변경은 중국 시장이 커지면서 중국 소비자에게 어필할 수 있는 중국 이름이 필요해진 걸 반영해.

KFCKentucky Fried Chicken는 맥도날드와 함께 세계 2대 패스트푸드점이자 최대의 치킨 체인점으로, 중국어로는 '컨더지肯德基'라고 불러. 1987년 베이징 치엔먼前门에 제 1호점이 생겼는데, 이것은 중국의 첫 번째 서양식 패스트푸드점이었다고 해. 통계에 의하면 2012년에 따롄大连에 4,000번째 KFC가 문을 열었고, 2017년에는 5,300여 개가 된다고 하니, "중국에서는 열 발자국, 100m 갈 때마다 KFC나 맥도날드를 볼 수 있다."는 말이 결코 우스갯소리만은 아닌 것 같아.

맥도날드의 바뀐 회사명이 네티즌들 사이에 혹평이 많다

고 했지? 그것을 비꼬면서 KFC 회사명도 KFC 로고인 할아버지를 뜻하는 '라오예예老爷爷'로 바꿔야 되는 것 아니냐는 말이 있대. 하하, 듣고 보니 맞는 말 같기도 하고.

중국이 개혁개방한 지 40년, 중국 GDP는 연평균 10% 가까이 성장했고, 지금은 미국에 이은 세계 2위의 경제대국이 됐어. 황무지 같았던 중국 땅은 상전벽해·천지개벽했고. 이런 시장의 변화 속에서 절대 무너질 것 같지 않던 중국 차茶의 만리장성도 스타벅스星巴克를 필두로 한 커피에 그 아성이 무너지고 있는데, KFC나 맥도날드에서 햄버거와 치킨·콜라를 먹는 중국인이 점점 많아지는 건 어찌 보면 당연한 일이야. 변화의 한 과정이니까.

중국의 맥도날드 매장

중국의 KFC 매장

중국을 알자 52

중국의 시·소설

5,000년의 유구한 역사를 지닌 중국은 황하 문명의 발전과 번영에 따라 문학도 끊임없이 발전해 왔어. 특히 5,000년을 이어서 한 가지 언어와 문자로 계승 발전해 온 것은 세계 역사상 그 유례를 찾을 수가 없기 때문에, 중국 문학사는 더욱 의미가 크다고 할 수 있지. 일반적으로 중국 문학은 크게 〈시경詩經〉과 〈초사楚辭〉로 대변되는 운문과 사서四書를 비롯한 제자백가諸子百家의 사상서 및 소설 등으로 대표되는 산문으로 나눌 수 있어. 그 긴 역사 동안의 방대한 작품들을

다 살펴보기는 어렵고 잘 알려진 시인과 소설가 몇 명 알아보자.

우선 시인부터 살펴보면, 전국战国 시대 초楚 나라의 애국시인 굴원屈原이 있어. 굴원은 높은 학식과 뛰어난 정치 식견을 가지고 있었는데, 정치세력에 의한 중상모략으로 좌천되어 결국은 멱라 강에 몸을 던졌대. 그 날이 음력 5월 5일 단오端午인데, 대나무 잎에 찰밥을 싼 '쭝즈粽子'를 강물에 던져 물고기들이 굴원의 시신을 뜯어먹지 못하게 했고, 백성은 강물에 빠진 굴원의 시신을 찾기 위해 배를 타고 나갔대. 중국의 단오 풍속과 용선龙船 경주 시합은 여기에서 유래했다고 하고.

굴원의 대표작으로는 조정에서 쫓겨난 울분과 나라와 백성을 걱정하는 우국우민의 마음을 담은 〈이소离骚〉와 〈어부사渔父辞〉가 있는데, 특히 〈어부사〉는 "举世皆浊我独清, 众人皆醉我独醒 온 세상이 모두 흐려 있는데 나만 홀로 맑고, 뭇사람들이 모두 취해 있는데 나만 홀로 깨어 있다."라는 구절로 유명해.

중국의 시가 가장 화려한 꽃을 피운 당대唐代에는 중국 역사상 가장 위대한 시인으로 꼽히는 이백李白과 두보杜甫가 있어.

이백이 호방하고 낙천적인 성격으로 인생과 자연의 불가사의를 즐겁게 노래하는 도가적 경향의 시인임에 비해, 두보는 티끌만한 유감도 남길 수 없는 경지에 도달하기 전에는 작품에서 손을 떼지 않는 엄정함을 지닌 유가적 경향의 시인이고. 그래서 이백을 '시선詩仙', 두보를 '시성詩聖'으로 부르나 봐.

이런 차이는 그들의 시풍에도 잘 드러나. 이백은 문풍이 매우 자유분방해서 생각나는 대로 흘러나오는 말이 바로 시가 될 만큼 그의 시는 스케일이 크고 박진감이 있으며 환상적인 분위기를 자아내. 반면 두보는 한 글자, 한 구절의 조탁·퇴고에 고심을 기울였기 때문에 그의 시는 탁월한 시어와 절제된 감정, 깊이 있는 사색으로 유명하지.

이 외에도 조식曹植·도연명陶淵明·왕유王維·백거이白居易·이상은李商隱·소식蘇軾·육유陸游 등이 역사적으로 유명하고, 근·현대 시인으로는 후스胡適, 아이칭艾青, 쉬즈모徐志摩 등이 대표적 인물로 꼽혀.

그럼, 이제 소설가를 한 번 볼까? 우선 루쉰魯迅을 빼놓을 수 없어. 〈광인일기狂人日记〉와 〈아큐정전阿Q正传〉으로 대표되는 그의 소설은 중국 근·현대 문학의 기초를 이루었다고 할 수 있어. 〈광인일기〉는 중국 현대 문학사 최초의 백화구어체문 소설로, 한 미치광이의 체험을 통해 가족제도나 유교사상과 같은 중국의 낡은 문화와 전통을 비판하고 암울한 현실을 폭로함으로써 중국 사회에 충격을 주었지.

〈아큐정전〉은 신해혁명 전후의 농촌을 배경으로 현실을 직시하지 못하고 자기만족에 취해 있는 무지몽매한 최하층 농민 아큐의 모습을 통해 시대적 위기 속에서도 대국의 자존심만을 지키고 있던 시대착오적인 중국의 모습을 풍자한, 중국 현대 문학의 출발점이 된 작품이야. '정신승리법'으로 이름 붙인 중국 국민의 무지함과 열악한 근성을 꼬집은 거지.

루쉰의 다른 작품 〈고향故乡〉에는 이런 문장이 있어. "희망이란 본래 있다고도 할 수 없고, 없다고도 할 수 없다. 그것은 마치 땅 위의 길과 같은 것이다. 본래 땅 위에는 길이 없었다. 걸어가는 사람이 많아지면 그 곳이 곧 길이 되는 것이다." 그의 말처럼 루쉰은 중국 신문화운동반봉건적인 계몽운동 이후 중국 사회의 사상과 문화 발전에 중대한 영향을 끼쳤지. 그

밖에도 마오둔茅盾·라오서老舍·바진巴金과 같은 소설가가 유명해.

당대当代 소설가 중에서는 위화余华가 대표적이야. 그는 장편소설 〈살아간다는 것活着〉을 통해 작가로서 확실한 기반을 다졌는데, 칸 영화제에서 황금종려상을 수상한 장이머우张艺谋 감독, 공리巩俐 주연의 영화 〈인생人生〉은 바로 이 작품을 영화화한 거야. 위화는 〈허삼관매혈기许三观卖血记〉로 세계 문단의 극찬을 받으며 명실상부한 중국 대표 작가로 자리매김했고, 그 후 〈가랑비 속의 외침在细雨中呼喊〉에 이어 10년 만의 장편소설 〈형제兄弟〉가 또 한 번 세계적인 반향을 불러 일으켰어.

그리고 지금 제일 핫한 바링허우 작가, 한한韩寒도 있어. 그는 17세에 발표한 첫 장편소설 〈삼중문三重门〉이 190만 부 이상 판매되면서 일약 밀리언셀러 작가 대열에 합류했는데, 〈삼중문〉의 판매고는 지난 20년간 중국 출판 시장에서 문학 작품이 거둔 가장 큰 성과래.

어때, 중국의 시와 소설을 좀 읽어보고 싶지 않아?

중국어 교사들이 알려주는
진짜 중국, 중국인
지금은 중국을 읽을 시간 2

제1판 11쇄 2025년 11월 1일

지은이 중국을읽어주는중국어교사모임
펴낸이 심형철
펴낸곳 도서출판 민규
디자인 파피루스

주　소 서울시 송파구 충민로 10, 8층
이메일 mkbooks2020@naver.com

ISBN 979-11-971961-3-3 43910
값 15,000원

이 책은 저작권법에 따라 보호받는 저작물이므로, 저작자와 출판사 양측의 허락 없이는
다른 곳에 옮겨 싣거나 베껴 쓸 수 없으며 전산 장치에 저장할 수 없습니다.

이 책에 쓴 사진은 해당 사진을 보유하고 있는 단체와 저작권자의 허락을 받아 게재한 것입니다.

* 저작권자를 찾지 못하여 게재 허락을 받지 못한 사진은 저작권자를 확인하는 대로
  게재 허락을 받고 통상 기준에 따라 사용료를 지불하겠습니다.